促进学生
化学学习方式转变的
学校学科建设研究

基于北京一零一中石油分校的案例

陆云泉　黄鸣春　刘军◎主编

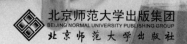

北京师范大学出版集团
BEIJING NORMAL UNIVERSITY PUBLISHING GROUP
北京师范大学出版社

图书在版编目(CIP)数据

促进学生化学学习方式转变的学校学科建设研究：基于北京一零一中石油分校的案例／陆云泉，黄鸣春，刘军主编．—北京：北京师范大学出版社，2023.3

ISBN 978-7-303-25743-0

Ⅰ.①促… Ⅱ.①陆… ②黄… ③刘… Ⅲ.①中学化学课－课堂教学－教学研究 Ⅳ.①G633.82

中国版本图书馆 CIP 数据核字(2020)第 036278 号

图书意见反馈　gaozhifk@bnupg.com　010-58805079
营销中心电话　010-58808083　58807662

CUJIN XUESHENG HUAXUE XUEXI FANGSHI
ZHUANBIAN DE XUEXIAO XUEKE JIANSHE YANJIU

出版发行：北京师范大学出版社　www.bnup.com
　　　　　北京市西城区新街口外大街 12－3 号
　　　　　邮政编码：100088
印　　刷：唐山玺诚印务有限公司
经　　销：全国新华书店
开　　本：787 mm×1092 mm　1/16
印　　张：10.5
字　　数：185 千字
版　　次：2023 年 3 月第 1 版
印　　次：2023 年 3 月第 1 次印刷
定　　价：50.00 元

策划编辑：张丽娟　　　　　责任编辑：李会静
美术编辑：李向昕　　　　　装帧设计：李尘工作室
责任校对：段立超　王志远　责任印制：赵　龙

前　言
PREFACE

　　2013 年 4 月，在北京师范大学（以下简称北师大）化学教育研究所王磊教授主持的"基于专家支持的高端备课"项目指导下，北京一零一中石油分校（以下简称石油分校）化学教研组开始了"促进学生化学学习方式转变的学校学科建设研究"。迄今为止，化学教研组已经积累了 20 节高端备课成果，共计 11 名化学教师经历了完整的高端备课的流程。

　　北京一零一中教育集团作为促进学科教研组专业发展水平卓越提升的坚实平台，在以教育集团校长陆云泉、石油分校执行校长万锡茂、石油分校校长助理兼课程教学中心主任程敬云为首的领导团队带领下，以化学教研组为切入点，借力北师大"高端备课"资源，引进专家支持，坚持培养学科骨干教师、发展潜力大的青年教师，以常规教学课为抓手，以研究为导向，促进教育教学理论与实践的相互作用。在教学行动研究期间，化学教研组通过课题研究、公开课、论文著述等任务驱动，促使教师迅速成长为在学科专业、教改实践中具有较强的教学能力和研究能力的教师。目前，化学教研组共 11 人，其中北京市骨干教师 1 名、海淀区骨干教师 2 名，具有研究生学历的青年教师 2 名。在组长刘军老师的带领下，化学教研组全体教师积极参加市、区组织的各种活动，参与北师大高端备课项目，邀请专家指导教学研究、传授理论知识，对深化课程改革有了更加深入的认识，在课堂教学时不再拘泥于就知识讲知识，而是关注学生的核心素养，关注学生的未来发展，展现了教研组积极向上、勤于钻研、锐意改革的精神风貌。

北京师范大学王磊教授带领的"高端备课"团队，在北京市乃至全国均有着广泛的影响力。高端备课项目组目前已经形成了有理论架构、直接跟进一线教学、"多菜单"的教学研究服务模式。在与石油分校化学教研组形成支持意向之初，以王磊教授、胡久华教授、支瑶老师和陈颖老师为主的高端备课团队的指导专家就通过不断与化学教研组教师及授课学生深入交流，最大限度地揭示了石油分校化学教研组的教学和学生的学习现状，之后逐步让教师和学生对学科本体、教学问题、学习发展形成清晰的认识。在此过程中，他们帮助石油分校化学教研组进行了包括常规课例、学科能力指向的教学研究以及社会性议题式教学等不同尝试，涉及新授课、复习课，各种课型涵盖高一到高三各个学段。最终，我们将"转变学生学习方式"确定为石油分校化学教研组进行教学行动研究的总目标。纵向来看，这一目标具体化为三个阶段：第一阶段，初步形成行动，在实践中梳理关于教育教学的思考，认识问题，转变观念，进行理论提升；第二阶段，初步解决问题，依据理论思考定向解决问题，并提升概括反思力；第三阶段，将前期行动实践转化为系统理性的认识，形成成果并分享。

本书是石油分校化学教研组高端备课部分成果的固化，也是高端备课项目第一次以学校学科组为单位展示教学研究的成果。合作之初，北师大高端备课团队与石油分校首先确定了研究指向——促进学生学习方式转变。这种学习方式的转变毫无疑问是由教师和学生在课堂中的深度互动带来的。因而，我们将工作重心放在学校学科组建设这一核心任务上，通过学校学科组建设来推动学科教师专业共同体的发展，从而改变学生的学习方式。实践中，依托课堂教学这一教师专业学习发生的重要现场，学科教师在教学改进中的成长和变化得以真实而生动地体现出来。因此，本书选择以化学学科教师们的教学课例作为学校学科建设研究的具体表现成果来组织内容。在北师大高端备课团队的指导下，化学教研组教师选择以"行动研究报告"的形式来记录和反思自己的教学改进过程。这种超越"教学案例集"的写作方式对教师们而言既是一种新的学习，又是对自身已有教学观念和行为的再认识以及对自身专业发展的深度反思。本书第 1 章是由高端备课专家团队黄鸣春老师撰写的"'促进学生学习方式转变'的教学行动研究报告——基于石油分校化学教研组高端备课实践"，阐述了石油分校化学教研组在北师大高端备课团队的指导下进行整体教学行动研究的定位、方法、路径以及收获与反思。接下来第 2 章至第 8 章的教学行动研究报告是基于理论对教学进行概括、提炼形成的教学实践课例，是对日常教学的反思与探索，也是教师在教学行动研究中不断形成反思力，并对理论有所诉求的体现。石油分校的高端备课案例较多地涉及"元素及其化合物"主题。"元素及其化合物"课例行动研究体现出石油分校化学教研组希望能够进行单元整体架构教学的趋向，是未来进行单元整体备课和深度学习的起点。最后一章是石油分校化学教研组组长刘军老师用感性的笔触回顾了"我们的高端备课故事"，在某种程度上可视为教育叙事研究的种子在本书中的萌芽。

本书主要作者是北师大高端备课专家团队的黄鸣春老师和石油分校化学教研组组长刘军老师及其所带领的孙翠霞、丁红霞、王璠、刘海珍、王昕、肖岚、刘双九老师。在此对所有文稿的提供者表示诚挚的谢意，你们的分享让石油分校学科教研组关于教学研究和教师专业成长的思考走出了品质输出的第一步。我们有理由相信，之后的第二步甚至更多步会越发精彩。

本书的出版要特别感谢支持石油分校化学教研组进行"高端备课"行动研究的北师大高端备课专家团队，他们是北师大化学教育研究所的王磊教授、胡久华教授，北京市海淀区教师进修学校的支瑶老师、陈颖老师、尹博远老师，首师大教师教育学院的黄鸣春老师，感谢专家们在石油分校化学教研组进行教学研究以及本书成书过程中付出的心力，是你们的专业催生了这些思考！同时感谢北师大周冬冬博士和史凡博士，以及首师大研究生谷怡、李新宇、李琳、王启园等同学，你们的支持为我们的课堂以及本书的成形注入了更多的生机和活力。

本书在写作以及定稿过程中得到了北师大王磊教授的悉心指导，获得了诸多有益的建议，在此深深表示感谢！本书从写作、编辑到出版历经曲折，北师大出版社张丽娟编辑、范林编辑以及高等教育出版社的苏伶俐编辑，为本书的顺利出版付出了辛劳。在此一并表示感谢！

编者
2022 年 9 月

目　录
CONTENTS

第1章 "促进学生学习方式转变"的教学行动研究报告

——基于石油分校化学教研组高端备课实践

1 问题的提出

2015年11月7日在北京师范大学(以下简称"北师大")化学楼二楼会议室,以刘军老师为代表的石油分校化学教研组与北师大王磊教授带领的高端备课团队形成了基于海淀区学科基地建设的高端备课合作意向。此次石油分校化学教研组高端备课合作定位于学科基地建设和高端备课成果梳理相结合,初步确立合作的目标是"通过研究改变教师的教学方式、学生的学习方式,在提升学生化学学科素养的同时促进化学教师专业成长,同时提升教师化学学科教学研究与实践的有效性"。同时还确定了高端备课指导工作方案:第一阶段,初步成果梳理,理论提升;第二阶段,解决问题,将特色付诸实践;第三阶段,形成体系并分享成果。

在这样的背景下,高端备课团队和石油分校化学教研组进行了将近两年的实践合作:2015年,进行了"硫的化合物"的课例研究;2016年,进行了三节电化学的课例研究,同时进行了两次成果梳理讲座研讨;2017年,进一步对已有的研究文章进行整理发表。

石油分校化学教研组此前一共积累了20节高端备课的课例。在两年的梳理和实践中,如何将这些课例转化为研究,转化为哪种研究,是学校一直不断在突破的问题。从确定将"学习方式"作为关键词起,一方面,研究团队对什么是学习,什么是学习方式,什么是具体学科的学习方式,什么是学科特定内容的学习方式进行了理性思考;另一方面,研究团队的这些课例均基于高端备课平台生成,同时定位了共同的研究方式,即行动研究。这一点也满足共同的期待,即形成基于课例又高于课例的研究成果。

2　研究的理论依据

2.1　核心概念界定

2.1.1　学习方式

陈佑清在《关于学习方式类型划分的思考》中提出，学习是学习者通过作用于一定的学习对象（书本知识、实物、他人等）而实现自我身心结构的调整改造和丰富完善的过程。学习作为一种活动，有特定的活动要素（主体、客体、活动目标）及其构成的活动过程。

学习作为个体的一种适应活动，其实质在于，它是在主客体相互作用的过程中，在反映客观现实的基础上，通过主体一系列的反应动作，在内部建立起调节行为的心理结构的过程。学习的实质即心理结构的构建过程。

从发展的视角来看，我们认为学习的实质是主客体的相互作用所带来的变化，可以用图 1-1 表示。图中学习者 1 和学习者 2 指的是同一个学习者产生新的认识后从学习状态 1 转变为学习状态 2，并非是学习者变为了其他人。三角代表

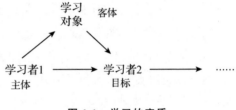

图 1-1　学习的实质

了一个最小的元学习过程，省略号代表这一元学习过程不断发生。

学习方式则是对学生在学习过程中，为达到某种目标而采取的作用于特定学习内容（对象、客体）的具体路径、学习内容、个人特质等方面特点的归纳概括。具体来说涉及以下四个方面，如图 1-2 所示。

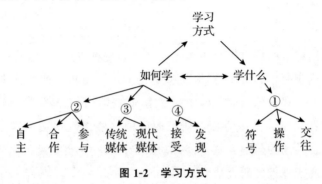

图 1-2　学习方式

①作用于什么学习对象——内容角度;

②与某种学习对象之间以什么样的方式建立联系;

③以什么手段作用于学习对象;

④进行什么样的思维加工——认识方式的转变。

在学习方式涉及的这些维度中,我们将石油分校高端备课课例研究中的学习方式具体定位于学习的思维加工,即认识方式的转变上。

2.1.2 认识方式

北师大王磊教授带领的高端备课团队界定的认识方式指的是,对面临的学习对象所持有的稳定的能够影响其看待事物、进行概念推理或任务完成的一种思维取向。

2.1.3 基于高端备课的行动研究

"高端备课"是北师大化学教育研究所王磊教授及其团队于 2008 年创立并实践的一种基于专家支持与同伴合作的教学研究模式。它以学科核心知识的教与学的关键问题及有效教学策略为研究内容,以学生的认识发展效果为证据。"行动研究"则是通过"研究"解决问题的理性行为,这个过程的目的在于使某一个人或某一团体的实践得以改善,其根本特点是问题意识和解决问题能力的不断提升。

"行动研究"是高端备课项目的研究方法之一。高端备课通过教师和专家共同参与备课和教学的过程,在备课研讨、试讲、正式讲的过程中,不断地聚焦问题和解决问题,并形成多方面的反思,提升理性认识和实践能力。其基本的操作流程(图 1-3)完全匹配"行动研究"所提倡的聚焦真问题,找到真策略,采取真行动,进行深反思,形成新认识,固化新行为的内核。

2.2 主要观点论述

北师大王磊教授团队提出的认识发展理论认为,不同的认识域和认识对象所需要的关键的认识角度和特征的认识方式有可能是不同的,不同的认识主体对于相同认识对象的认识角度可能有所不同,而这些与教学和年龄有关,是可以发展变化的,这种发展和变化主要体现在认识角度的变化和认识方式类型的变化。具体到指导教学和学生发展上,可以认为不同学科内容专题具有各自特定的认识角度和特征认识方式,也可以针对特定专题内容建构认识模型。不同学生在不同阶

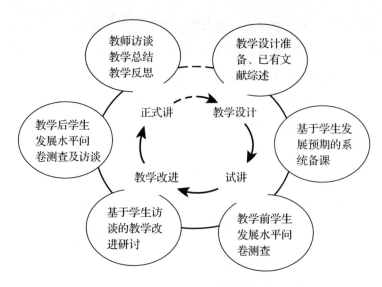

图 1-3　高端备课的操作流程

段对特定内容的认识是存在层级发展的。

　　教学的主要任务是促使学生沿着一定路径发展认识能力和实践能力，提高学习效率。课堂教学中，促进学生的学习发展是教师进行教学的重要目标。教师的教学一定会经历设计、实施和改进三个基本环节。进行教学设计的基础是教材内容分析和学生情况分析，教学实施需要基于一定目标，设计学生的学习活动，使学生对于具体内容的认识得以发展。

　　在课堂教学中，中等程度的学生是存在学科学习的共性问题的。比如学习元素及其化合物时，他们可能记不住化学方程式，知识比较零散，对陌生问题没有解决的角度和思路等；学习有机物的性质时，他们则较难把握认识有机物性质的一般思路以及结构决定性质中结构究竟是哪一个认识水平的结构，对性质则是不清楚是否能够发生反应，在什么部位发生反应，需要选择什么样的试剂，能够发生什么样的反应以及反应的现象是什么甚至产物是什么等；学习电化学时，他们对于电流的产生原因和离子的运动路径无法进行完整的说明论证；学习化学平衡时，他们不能关联四大类平衡共性的东西，很难进行多平衡系统分析，较难建立核心问题与习题分析的关联等。这些共性的问题，本质在于学生对于学习的认识对象、关于认识对象的认识角度以及认识方式类型等认识达到的层级不同。

　　在王磊教授的带领下，依据多年的教材编写和高端备课实践积累，高端备课专家团队提出了元素及其化合物、有机物性质、电化学和化学平衡等各个化学专题内容的认识模型。这些认识模型明确了学习具体专题内容时的认识对象、认识角度或角度关系、认识层级，以及对应的学生外显的学习表现。每一种认识模型都是将学科本质和学习规律相融合而抽提出的思维模型，能够有效地指导教学和学习。

石油分校化学教研组做过的化学高端备课课例涉及元素及其化合物、有机化学和化学反应原理 3 个专题，共有课例 20 节。这些课例均是由高端备课指导团队和石油分校化学教师共同研讨生成的，虽然上课的过程已经完成，但是关于课的思考、改进以及教师自身专业成长的思考都是"促进学生化学学习方式转变的学校学科建设研究"所希望能够探讨和分析的。

2.3 已有研究综述

2.3.1 关于教学设计、实施与改进

在中国知网检索系统中利用主题、关键词以及全文搜索"化学教学设计"，可以查到从 20 世纪 80 年代开始的大量文献，包括很多期刊论文和硕博论文。2000年之后，有大量学者研究化学教学设计，并发表了大量文献。化学教学设计的相关研究，大致可以分为以下五类。

第一类是关于化学教学设计的内涵、发展以及出现的问题等内容的理论研究。化学教学设计可以理解为：化学教师依据课程标准中的指导要求和学生的实际情况来设定本节课的教学目标，并考虑到不同层次水平的学生、不同模块的知识和教学目的，对化学教学的总体结构、整个程序及具体环节所拟定的行之有效的教学系统方法和技术。化学教学设计的研究对象是化学教学系统的要素、结构、功能与所处环境的相互联系和制约的关系。它要揭示如何进行化学教学问题的分析，如何确定化学问题的解决方案以及教学结果的评价。

第二类是关注教学理念的研究。这类研究首先阐述一种教学的理念或者模式，然后基于一份教学设计进行具体说明，呈现理念或模式的应用。这类化学教学设计研究主要是基于"新课程理念""认知学习理论""科学素养""建构主义""学生本位"等出发的。

第三类是关注教学设计的评价反思的研究。主要是针对一节课或是一个主题

的化学教学设计进行教学实践，通过学生的反馈或专家评价，对教学设计做出反思，部分研究还呈现了化学教学设计的多次修改。比如，支瑶等人的《化学平衡常数对促进学生认识发展的功能价值分析及其教学实现》，姜言霞的《元素化合物知识的教学价值分析及教学策略研究》等。

第四类是关注教学策略的研究。通常是针对一种教学策略进行深入挖掘，如实验探究的设计、模型的建构、概念教学等。比如，毕华林的《促进"观念建构"的化学教学设计》，黄鸣春的《基于认识模型建构的"元素周期律·表"教学研究》，李佳的《浅谈探究式化学教学设计——以"化学键与化学反应的物质变化"为例》等。

第五类是关注教学设计内在逻辑的研究。越来越多的教学设计研究关注教学设计的内在逻辑，主要是基于学生的认识发展构建"驱动性问题链""问题线索""任务驱动"，实现教学效果。比如，胡久华的《促进学生认识素养发展的化学教学》，邓艾梅的《基于"任务驱动"的化学实验教学设计——以"原电池"的教学设计为例》，胡久华、郇乐的《促进学生认识发展的驱动性问题链的设计》等。

化学教学设计的相关研究经历了从宏观到微观的逐步深入结构要素的过程。早期的化学教学设计多依据学科本体来构建，关注教学设计的一级要素，如教学目标、重难点的确定。教学环节一般遵从知识由简到繁的顺序组织，关注核心知识的确认组织顺序，基于知识解析设计教学环节。后来化学教学设计开始转向框架结构，关联各个要素之间的关系。同时这一阶段的教学设计开始追问知识的本质和价值，基于知识的结构化及学科本质设计教学环节，注重设计教学活动任务类型，也就是开始关注到教学设计的学生因素。这一阶段还出现了不同价值取向的教学设计，如知识解析式的、观念建构式的教学设计。新课程改革以来，我国的化学教学设计开始重视有关教育教学理论对教学设计的直接指导作用，同时教学环节的设计也开始进一步向学生倾斜，环节的组织顺序更加精致化，微观到知识线索、问题线索、情境线索、活动线索、认识发展线索甚至是教师讲解线索。最终，学生发展的证据及规律成为教学环节组织的重要依据。

纵观已有的教学设计相关文献，或实录或反思的课例呈现方式较多，系统梳理不同专题多轮次教学设计、实施与改进对教师专业发展或学生学习发展意义的文章较少。特别是直接指向学生学习方式转变的教学设计较少，这也是石油分校化学教研组和高端备课团队合作进行本次行动研究的意义之所在。

2.3.2 关于具体学科专题的认识方式

关于"元素及其化合物"的认识方式，王磊等人提出了无机化合物认识模型，如图 1-4 所示。

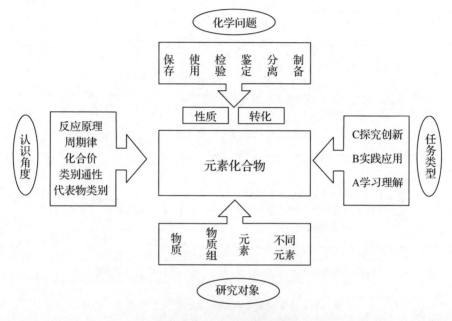

图 1-4 无机化合物认识模型

研究者认为，元素及其化合物认识域的认识对象包括具体物质（代表物），具有共同特点的一类物质（如酸、碱、酸性氧化物、碱性氧化物、金属、盐等），含某种核心元素的一系列物质，不同元素及其化合物等。这些认识对象经常以保存、使用、检验、鉴定、分离、制备等实际问题形式作为载体，而其化学问题的实质都是指向元素化合物的"性质"或"转化"。这些化学问题在转化为具体任务时，可以根据学生解决这些问题时所调用的学科能力（学习理解能力、实践应用能力、探究创新能力）的不同，分成不同能力任务类型。每一类学科能力又可分为不同的能力要素，进而就会有与能力要素对应的不同任务类型。

关于"有机物性质"的认识方式，陈颖等人提出了学生关于有机物性质的认识能力发展层级，如图 1-5 所示。

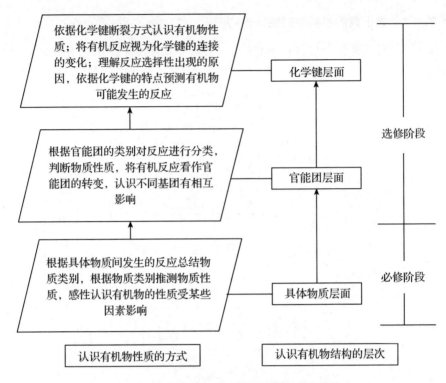

图 1-5　学生关于有机物性质的认识发展层级

关于"电化学"的认识方式，王维臻、王磊等人提出了电化学认识模型，如图 1-6 所示。

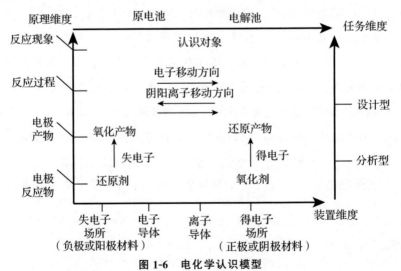

图 1-6　电化学认识模型

关于"化学平衡"的认识方式，于少华等人对化学反应原理模块的学生认识角度和深度进行了阐述，指出"化学反应原理"模块促进学生科学素养发展的实质是促进学生认识素养的发展，其内涵是发展学生对化学反应的认识角度和深度，从而形成分析化学反应的认识思路。具体而言，一方面，借助化学反应与能量变化，化学反应的方向、限度和快慢等角度完善学生对化学反应的认识角度；另一方面，借助化学反应的方向、化学反应的调控、溶液中的离子平衡等内容从定性到定量、从静态到动态、从宏观到微观发展学生对化学反应的认识深度。支瑶等人分析了化学平衡常数对促进学生认识发展的功能价值，提出了学生对化学反应的限度的认识发展层级，如图 1-7 所示。

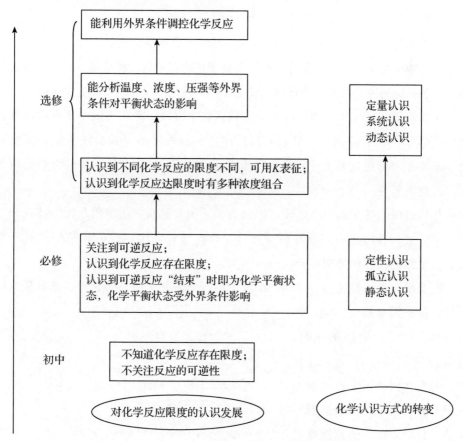

图 1-7　学生对化学反应的限度的认识发展层级

王磊教授的高端备课团队对于不同专题的中学化学内容均提出了相应的学生

认识方式理论，这是石油分校"促进学生学习方式转变"的行动研究的重要理论支撑。

3 研究的设计与方法

石油分校化学教研组进行基于高端备课的教学设计、实施与改进研究的过程最初规划为四个阶段。

第一阶段：以北师大王磊教授负责的高端备课作为平台，石油分校化学教研组进行不同年级、不同专题的课例研究。在研究过程中，授课教师与高端备课专家共同建构一节好课。

第二阶段：结合20节高端备课课例，提炼形成石油分校高中化学课堂教学特色及相应的学生学习方式。在这一阶段需要完成的任务是，对高端备课课例进行梳理，提升教师的理论水平，进行理论转化，初步完成学校高端备课成果研讨。

第三阶段：利用第二阶段成果进行课堂教学实践，并在实践中完善石油分校高中化学课堂教学特色，并形成系列。在这一阶段需要完成的任务是，课堂听课、点评，对前期成果进行完善。在此阶段，对论文写作、教学实践材料的梳理和汇总进行指导。

第四阶段：基于前三个阶段，形成适合于学校的高中化学课堂教学特色和学生学习方式，总结成果，撰写研究报告。和与学校程度相近的兄弟学校进行交流，小范围内开展成果交流会。

整个研究过程表现为一个典型的探索性行动研究。研究的起始点就是从问题出发，逐步摸索确认问题，解决问题，然后产生新的问题，再解决问题……在这一过程中，研究共同体不断产生新的认识并进行实践，沿着问题—策略—行动—反思的螺旋路径行进，遵循着行动研究的范式（图1-8）。

问题—策略—行动—反思

循环往复、螺旋上升

图1-8 行动研究的范式

4 研究的过程与发现

4.1 研究过程

石油分校化学教研组"促进学生化学学习方式转变的学校学科建设研究"大体经历了以下几个阶段。

4.1.1 "探索性课例教学实践"阶段

20 节的高端备课课例研究源于石油分校化学教研组对教师专业发展和学生发展的需求。在进行这 20 节高端备课课例研究的过程中，每一节课都面临着这节课本身的学情分析和教学关键问题分析，高端备课专家和授课教师基于对学科知识本质的梳理和对学生的访谈及问卷调查，共同精确诊断这些问题，找到对应的解决策略，经过备课—试讲—正式讲的教学行动，不断对三个阶段的行动进行关于学生发展和教学改进甚至是教师专业发展的反思。我们是从学校教研组发展和学生发展出发，以高端备课作为解决策略，进行课例研究和适当的教学课例反思。

4.1.2 "反思定位和定向实践"阶段

在完成这 20 节课的行动研究之后，石油分校化学教研组发现了新的问题：为什么要进行这样的高端备课？这些高端备课课例是否存在共性的价值？这些共性的价值是什么？如何进行进一步的印证？在这个阶段，石油分校成为海淀区化学学科教研基地。在反思高端备课课例和学科基地建设任务的驱动下，教研组再次与高端备课团队进行沟通，初步确定要实施高端备课成果梳理的行动，并以此提升学科基地的建设水准；进一步确定了依据高端备课平台提升理性认识，进行成果梳理的策略，找到了石油分校化学教研组 20 节高端备课课例共同的定位，即指向学生学习方式转变的教学设计、实施与改进。基于这一定位，教研组继续进行指向元素及其化合物认识模型建立和电化学认识模型建立的课例实践行动，这一阶段的实践行动明确以"二维图"和"电化学"认识模型为导向，在备课、试讲和正式讲的过程中，逐步提升教师和学生对认识模型的理解和运用能力，帮助学生改变认识元素及其化合物和电化学的思维方式，同时进行了系统的证据收集和深入的交流反思。

4.1.3 "成果固化和梳理表征"阶段

成果固化和梳理表征阶段也产生了新的问题，即究竟应该以哪种形式将化学教研组积累的这些高端备课课例表现出来。单纯的课例展示似乎不足以承载，那么在这个过程中教师的核心收获是什么？这些收获要如何表征出来？如何成为之后教研组整体提升的基石？带着这样的问题，高端备课团队和石油分校化学教研组共同确定了撰写"促进学生学习方式转变的教学行动研究"的行动研究报告作为解决问题的策略。在此过程中，高端备课团队两次调整行动研究报告的模板，化学教研组的教师们开始陆续撰写各自的行动研究报告。这些行动也促成了本文和一系列石油分校化学教研组课例教学行动研究报告的生成。

整体上，"促进学生学习方式转变的教学行动研究"的行动研究报告推进过程如表 1-1 所示。

表 1-1　"促进学生学习方式转变的教学行动研究"的行动研究报告推进过程

	时间	推进	目标及问题	确认
"探索性课例教学实践"阶段	2010—2015	探索性课例教学实践：20 节高端备课课例研究。	目标：单一课例本身的实效性。 问题：如何进行实效性的课例研究？课例实践中核心的收获是什么？	1. 备课—试讲—正式讲的高端备课实践经历和问题—策略—行动—反思的认识过程。 2.20 节高端备课成熟课例形成。
"反思、定位和定向实践"阶段	2015-11-07	研究聚焦：如何有质量地积淀高端备课已有研究课例，并推进学科基地建设工作。	目标：确定结合学科基地建设和高端备课课例积累的共同指向。 问题：1. 学科基地建设和 20 节高端备课课例的关系是什么？ 2. 下一步规划是什么？	1. 石油分校高端备课梳理和学科基地建设关键词：学习方式转变。 2. 初步的行动三阶段：对已有高端备课成果进行理论化提升；进一步教学实践；成果展示与交流。
	2015-11-19—2015-11-27	研究定位和初步规划：1. 制订工作推进计划。 2. 初步收集已有高端备课研究课例的教学设计。	目标：确定目标为"打造促进学生学习方式转变的课堂，促进教师专业发展"。 问题：教师能够将高端备课课例转化成哪些形式？教师反思应到什么程度？	1. 工作推进计划定为：聚焦与定向—实践推进—反思与呈现。 2. 规划出元素及其化合物和电化学两个定向课例。 3. 凸显五线索的教学设计和即时反思收集。

续表

	时间	推进	目标及问题	确认
"反思、定位和定向实践"阶段	2015-11-24 — 2015-12-16	定向教学实践：进行促进学生学习方式转变的课堂教学实践1——二氧化硫的性质的高端备课。	目标：促进教师和学生关于元素及其化合物认识方式的转变。 问题：如何转变教师的认识和提升教师的反思能力？	1. 基于元素及其化合物的认识模型——二维图，再认识二氧化硫。 2. 进行教学实践开展的交流研讨。
	2016-03-29 — 2016-04-13	定向教学实践：进行促进学生学习方式转变的课堂教学实践2——电化学的高端备课。	目标：促进教师和学生关于电化学认识方式的转变。 问题：如何转变教师的认识和提升教师的反思能力？	1. 基于电化学的认识模型再认识原电池。 2. 进行学生能力发展的交流研讨。
"成果固化和梳理表征"阶段	2016-05-25 — 2016-12-07 2017-03-05 — 2017-05-10	从宏观到微观梳理高端备课课例研究成果；成果规划及定位；行动研究报告的调整和确认；系统梳理全体研究成果的逻辑结构。	目标：确定整体的高端备课成果梳理定位——1. 促进学生学习方式转变的教学设计、实施与改进；2. 行动研究报告。 问题：行动研究报告的定位问题，教师现实的反思困难。	1. 不断调整行动研究报告的形式。 2. 系统设计各个课例成果之间的逻辑关系。 3. 整体架构所有的研究成果。

4.2 研究发现

石油分校"促进学生化学学习方式转变的学校学科建设研究"最终形成了各个课例的教学行动研究报告。在教学行动研究报告中，教师们从不同版本的教材处理差异、自身多年的教学困惑以及学生常见的学习困难等方面提出自己的研究问题，界定本节课所教内容的功能价值以及对应的认识方式（或认识模型），并进行关于这一课例相关内容的文献综述；以这些作为理论基础，阐述自己在备课、试讲及正式讲三个行动环节的具体行动、策略和反思；最终呈现正式讲的教学过程，并基于正式讲自己对课的亮点和遗憾进行的反思给出教学建议；最后，整体给出结论和启示。从这些行动研究报告和整个研究过程中，我们有了以下的研究发现。

4.2.1 教师逐步转变自己的教学行为和观念

教师教学方式的转变表现为，开始重新认识了教学设计、实施和改进的基本要素。

第一，教师意识到由点及面，进而系统分析所教内容的重要性。

王璠老师在对"有机综合推断题解题策略探讨"的课例进行教学反思时写道："我们尝试从有机试题的题给信息入手，将零散的信息有效地、有序地聚集，并使之系统化。引导学生有意识地思考从复杂的有机推断题目中寻找突破口——推断'关键物质'，然后从'关键物质'出发沿着有机物转化关系路线，应用正推、逆推或者正逆结合的方法，利用特征反应条件信息，不断断键、成键转化成新的物质，最终将题目中的相关物质结构逐一推断出来，从而解答题目设问。"实际上，每一个课例中由高端备课团队所提出的认识模型都是对教学内容进行系统结构化分析和反思的结果。化学教研组的教师们和高端备课研究生助理合作，对每一个课例进行了充分的教材分析。教师们的教材分析不再是建立在对某一课时前后知识点的具体分析上，而是能够从课程标准出发，系统分析认识不同版本化学教材对同一内容的处理的共性和差异，能够从教材内容的选取、组织、呈现三个方面来看待课程内容。

第二，教师能够依据已有条件更多样化和更科学地分析学情。

刘海珍老师在"乙酸"课例中使用了课堂观察量表对学生小组活动进行观察记录。丁红霞老师在"铝的重要化合物"教学之前，提前给学生布置作业，让学生以小组为单位，完成铝的重要化合物的用途资料的收集，以手抄报的形式展示交流。她这样做的目的是——"学生查资料有所发现会比较兴奋，又会因遇到一些自己不能够解释的问题而对接下来的学习充满期待"。在高端备课课例逐渐积累的过程中，教师们也逐步开始参与到课后学生访谈中。肖岚、周冬老师参与了高端备课团队关于电化学课例给学生的问卷测试。课堂观察量表、手抄报活动、访谈、问卷这些探查学生理解的手段逐步进入教师们的日常教学实践中，帮助教师更好地分析学情。

第三，教师进行教学设计和实施时意识到需要首先进行教学定位，即三维目标的定位。

刘军老师在对"生活中常见的有机物——乙醇"课例进行备课反思的时候，第一个认识就是发现必修模块有机化学的教学要求只是让学生对有机化合物有一个感性认识,初步建立结构决定性质的学科思想,并不用达到从"结构决定性质"的角度去分析研究具体有机物的水平。因此,乙醇的教学设计就不再是从微观断键、成键的角度展开,而是从学生熟知的日常生活中乙醇的用途展开,从用途认识性质,然后用结构解释性质,最后从实验深入认识性质。她得出结论:"通过三次集体备课、研讨,我对必修2乙醇的教学以及以后的教学有了深刻的认识。要想准备一节好课首先要确立教学目标,这是指导本节课的核心思想。"刘海珍老师在"乙酸"课例研究中也提出:"科学合理的定位非常重要,它决定了设计学生活动的出发点,以及所有的设计是否合理。定位包括内容的深广度和模块特点。定位准确才能深入学生内心,达成教学目标。"

第四,教师的教学环节设计更加精细且富有逻辑,对教学五线索(知识线索、问题线索、活动线索、情境素材线索、认识发展线索)的设计与落实更趋精致化。

教师常态的教学一般较粗线条地划分教学环节,多以知识为主线,但会随着教学的实施调整教学环节。例如,丁红霞老师反思了"金属资源的开发与利用"课中对"用技术冶炼方法解决实际问题"这一环节从后置变为前置的问题,她指出,"让学生在活动过程中熟练掌握金属冶炼的方法。这个活动学生很喜欢,但是在课后的学生访谈中,有学生反映该活动没有挑战性,他们希望完成一些更具有挑战性的任务。并且如果这样安排,金属冶炼的任务只是作为一种检验学生所学知识的形式出现,而金属冶炼知识的学习过程依然是以教师为主,学生只是聆听者,没有真正地参与到课堂活动中来,任务没有真正发挥驱动作用"。这是一个典型的根据学生学习规律调整教学环节的案例,这也是教学环节设计的依据从知识转向学生发展的开始。之后,我们才能以学生学习具体知识的认识发展为依据,精心设计知识、问题、活动、情境素材线索。正如孙翠霞老师在总结"二氧化硫的性质"这节课的成功之处的时候提到的:"授课过程中以二维图为主线,在情境线索的贯穿下,提出问题,进行研究活动,最后落实知识,授课中情境线索、问题线索、活动线索、知识线索环环相扣,将二氧化硫的性质完整地呈现。"这是教学环节设计的真正收获。

第五,教师基于认识模型进行教学的能力逐步发展起来。

促进学生学习方式转变的教学实际上非常考验教师对于认识方式的理解和运用。在研究过程中,我们发现教师基于认识模型进行教学的能力也经历了将认识模型作为知识展示—将认识模型作为承前启后的目标和结论—将认识模型作为教学线索驱动并进行动态建构的过程。比如二维图的使用，第一阶段教师给出二维图，讲解物质性质和转化；第二阶段教师会让学生在课前利用二维图标识相关家族物质，小结时用二维图讲解家族物质之间的转化关系；第三阶段教师才能够坚定地运用二维图探查学生已有的关于物质性质的认识，依次从不同维度探查学生预测陌生物质性质和验证物质性质的思路和方法，最后基于二维图总结物质之间的转化关系。

第六，教师开始真正实现以学生为中心的教学，并注重运用学生思路外显的教学策略。

学生的学情是教学环节设计的根本依据。让学生自主说明思路和将认识模型作为授课目标就是在落实让学生思路外显的教学策略。在石油分校化学教研组进行"促进学生学习方式转变"的教学行动研究过程中，多数教师的反思提到了学生。王昕老师在"原电池"课例反思中写道："寻找学生的'最近发展区'是本节课教学设计所要解决的重点。基于此，我在本节设计了'实验—观察—质疑，分析—设计—实验—解惑'的教学过程。以实验为'桥'，质疑、释疑。"孙翠霞老师认为："授课过程中注重学生分析解决问题能力的培养，所有的实验方案均出自学生自己的分析讨论，增进了小组之间的交流协作，帮助学生形成了探究未知物质性质的方法。"丁红霞老师认为："在化学课堂上，学生最感兴趣的一定是探究性实验，但是对于金属资源的开发和利用这节课而言不可能设计真实的实验任务让学生来完成，但是我们可以在课堂上为学生创造一个接近真实情境，接近生活实际的任务让学生来完成，即让学生作为金属冶炼工厂的工程师，完成设计任务。这个过程既让学生学习了新知识，又让学生感受到了实际生产过程中化学知识的重要作用。"刘海珍老师反思"乙酸"一课提道："在知识、思想、方法的疑难点和关键点上设计学生活动，给学生充分的动手、动脑机会，体验知识的形成过程。"王璠老师在反思中写道："采用师生交流、讨论、引导、启发、归纳、总结等手段来调动学生的积极性和主动性，把复习过程中的查漏补缺交给学生自己，让学生自己在做题中找不足，从而更好地实现教学目标。在教学中时刻体现学生是主体，老师只是引导者，注重对学生学法的指导，给学生更多的表现机会，培养学生的推理、分析、表达、归纳、反思问题的能力，真正起到教为学服务、学靠教引导。"教师开始真正关注"以学生为中心"，是转变学生学习方式不可或缺的前提。

第七，教师关于教学实验的认识有所转变。

在教学研究过程中，对于多数教学案例，教师们都精心设置了让学生参与实验的机会，同时对实验的实施也有着自己的反思。刘军老师认为："化学是一门以实验为基础的学科，要在有限的课堂教学时间内设计安全、简单、易操作的学生实验，让学生通过自己的观察、分析、讨论进行学习。"刘双九老师的原电池课反思是："第一，实验验证有助于学生对模型的认识和对知识的理解。第二，学生动手、动脑、小组交流对理解原电池帮助很大，但把充足的时间给学生，会有更好的效果。"肖岚老师在原电池课后反思时认为："氢氧燃料电池的展示方式如果由录像换成演示效果会更好。"反思整个教学研究我们发现，教师对实验教学的处理经历了如下阶段：用视频—自己做演示—让学生参与实验—让学生设计方案并实验。有的甚至发展到了需要学生自己进行实验改进的阶段。只有教师改变了教学实验的观念和行动，学生才能有更多的机会通过参与实践转变自己的认识方式。

4.2.2 学生的学习方式有了一定的转变

石油分校化学教研组教师自身教学方式的转变直接促进了学生学习方式的转变。这种转变一方面表现为外显的一般性学习行为的变化，另一方面表现为学生关于具体知识的认识方式发生了变化。比如，学生学习元素及其化合物有了思考的角度，能够在测试中表现出相应的能力。

学生普遍能够参与更多的学科实践活动，一方面，石油分校化学教研组为学生开设了丰富的校本课程，并有一部分系列校本课程开发的规划；另一方面，课堂教学活动中演示实验、分组实验也更加丰富多彩起来。同时伴随着学生讨论等参与式的学习活动，这些都在潜移默化地影响着学生的学习方式。

学生对于具体主题内容的认识方式，如认识元素及其化合物的二维图、认识电化学的认识模型、认识有机物的认识模型等，均逐渐成为深化认识的有力工具，并在研究课后测中表现出显著的差异，在学科能力测试中也表现突出。

5 研究的结论与启示

5.1 研究的结论

5.1.1 形成了以课例为载体的行动研究模式

石油分校化学教研组的"促进学生化学学习方式转变的学校学科建设研究"对每一个参与课例研究的教师而言，都形成了以课例为载体的行动研究模式。具体表现如图 1-9 所示。

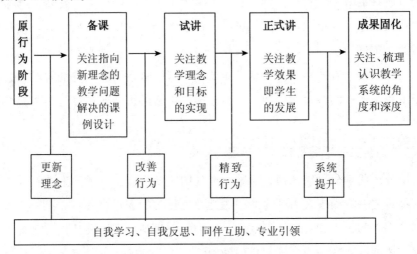

图 1-9 以课例为载体的行动研究模式

5.1.2 有效地促进了教师的专业发展

表现之一是教师的教学设计、实施能力不断提高。

在教学行动研究过程中，化学组教师们一方面形成了考量学科本体系统性、准确分析学情、清晰定位教学、精心设计教学环节的一般的思路和方法，并在教学研究过程中不断发展对"认识模型""学生中心"和"实验开展"的认识；另一方面开始从单课时教学设计转向单元整体的教学设计（如元素及其化合物的复习、有机物的复习、电化学的复习、平衡的复习），从单线索、孤立性、简单的教学设计转向多线索、整合性、复杂的教学设计，进行同一内容不同年级层级教学，让学生的认知层次螺旋上升。

　　同时，教师的精致化教学设计与实施能力也得到了提高。教师不仅认识了教学设计的知识、素材、活动、问题和认识发展五线索，更能够匹配它们之间的横向联系，并基于学生认识发展梳理它们之间的纵向逻辑。教师们也深刻关注了教学设计和实施对于问题线索的逐步逻辑推进。

　　表现之二是教师们学会了将教学和研究关联起来，正在逐步成长为研究型的教师。

　　教师们在进行教学实施的过程中，能够及时反思自己的教学，更提高了进行完整教学反思的能力。教师的教学由点到线到面。点指的是对课的教学环节或定位的即时反思；线指的是找到一个自身感受很深的点，去系统分析其在课中的体现以及对其他课的设计实施的意义；面指的是将高端备课课例写成完整的行动研究报告。

　　教学和研究原来在教师们看来是相隔很远的两件事，但是通过不断地参与实践，目前已经逐步将二者距离拉近，并形成二者之间良好的相互作用。化学教研组的刘军、孙翠霞、丁红霞、王昕、王璠、肖岚、刘双九等老师通过不断梳理自己的课例，已经初步完成关于课例的行动研究报告。在这个过程中，丁红霞老师共写和修改文章 7 篇，刘军老师撰写和修改文章 5 篇，刘海珍老师撰写文章 4 篇，孙翠霞老师修改文章 3 篇，王昕和肖岚老师撰写文章 2 篇，王璠和刘双九老师分别撰写文章 1 篇。在写作和修改过程中，教师自身的反思和理性思考能力毫无疑问得到了非常有效的提升。

　　这里需要指出的是，教师的反思是逐步积累和丰富起来的，过大过全的框架会阻碍教师的反思行动。在"成果固化和梳理表征"阶段，高端备课团队开始有意识地收集并促进教师的教学反思。第一步收集到的是关于课例教学设计后的反思。这些反思通常较为简短，但是非常鲜活和关键，它来自教师当下对课的深刻感受，是后续反思的生长点。我们可以称之为"基于当下课的碎片化感受"。接下来根据梳理成文章的要求，教师开始就某一个自我感受最深的点，较为系统地关联和展开对某一观点的论述。此时实现了基于某一个点的深入挖掘。最后，按照行动研究报告的基本要求，教师形成了指向某种教学理念的系统地看一节课，看一个专题，看整个行动过程的反思。

　　在这个过程中，如何建构文章框架及如何基于证据进行论述是教师的两大障碍。本研究最初提出的行动研究报告模板完全遵照文献模式。结果该模板因为过大过全而让教师们望而却步，一是框架过于全面导致教师认为资料累积不全而不会做，二是框架过大导致教师无法聚焦到自己的教学研究本身。所以在第二个行动研究报告明确从为什么要做这个课例，做这个课例的指向和理论依据，如何基于备课、试讲、正式讲做这个课例，最终的课例成果，研究最后的结论和启示这五个方面来直接关联教师教学课例研究的经验时，教师才有动力开始写作，然后才有可能逐步克服细节的障碍。如何让自己的观点和结论非常有证据感是教师普遍的诉求，同时教师对于证据获取的科学性和证据是什么的理解都是行动研究报告完成的障碍。

在进行教学研究的过程中，教师们也逐渐形成了文献分析的视角，对每一个具体课例的已有研究文献进行了梳理和综述。无论是查找文献的方法习得，还是对已有研究中的教学设计、实验改进、习题分析进行汇总和评述，都帮助教师们跳出眼前的课堂，站在更好和更理性的角度反思自己的教学设计、实施和改进。

表现之三是形成了以教研组为单位的学习共同体。

此时，教师们在高端备课行动研究中的收获不仅仅是一次好的教学设计，更是理性看待教学设计、实施与改进视角的生成，以及对行动研究的深入理解的形成。在此过程中，无论是石油分校化学教研组内部还是教研组与高端备课组之间的互动都是很好的催化剂。以高二选修原电池新授课为例来看学习共同体，三位老师在备课之初就共同研讨原电池产生电流的原理，相互答疑解惑；在试讲和正式讲时均是共同听课，协同备课；研讨时更是能够互相给出积极的建议，最后共同完成行动研究报告的撰写。在整个高端备课成果梳理过程中，作为教研组组长的刘军老师每次组织活动都是沟通各方，让大家畅所欲言，并坚持带领教师们形成典型示范、互相参照的工作模式，最终促成"行动研究报告"的形成。过程中组织全体教师听取行动研究报告撰写指导3次。石油分校化学教研组的全体教师在高端备课平台的课例研究中表现出了积极提问、主动探讨、相互协作的团队氛围，这是"学科教研组建设"能够不断向前推进的最核心的要素。

5.2 研究启示

在石油分校多年的"促进学生化学学习方式转变的学校学科建设研究"过程中，我们发现以下方面是今后可以继续发展和提升的方向。

5.2.1　进一步深入进行关于学生学习及规律的研究

教师要逐步建立起探查学生学习情况的意识和方法。在和教师交流行动研究报告书写过程中，我们发现教师们均有很强的实证意识，对于需要找到学生访谈、教师访谈和问卷调查资料作为证据非常支持。但是对于如何进行证据获取的方法还不太清楚。取证的方法在今后的教研中需要逐步改进，以成为研究的重要基石。

5.2.2　进一步提升教师的反思能力，将反思作为日常的教研形态

这是教师专业成长逐步积累的重要方式。反思既是照镜子，反思自己，也是琢磨，追问，对比他人，还是实践、认识的不断循环。教师的反思需要在日常积累中生长出一定的价值取向和视角，然后才能真正建构自己的理性思考。具体到石油分校化学教研组，指的是教师在教学设计实施与改进中的问题意识和概括能力。

5.2.3　进一步发挥化学教研组学习共同体的作用

要加强高端备课团队和石油分校化学教研组之间的相互作用，在相互分享交流中提升理性思考。石油分校化学教研组是一个非常团结进取的集体，在温暖智慧的刘军老师的带领下，形成了很好的合力。另外，在研究过程中，我们曾推荐教师们与研究生助理团队结对合作，但实际中这种作用尚未很好地显现出来。其实相互学习是一个互惠的过程。从更广泛的意义上说，在不断与同伴作用的过程中，教师专业知识能够得到增长。

5.2.4　逐步提高教师分析教材和文献的能力

文献的阅读和分析在某种意义上也是与同行的对话，教师需要跳出自己眼前的舒适区，才能有更广阔的视野、积极的学习动机，以及理性思考的视角，才能不断突破专业发展的障碍。阅读是教师教学思维方式转变的一个重要抓手。

（本章作者：黄鸣春）

第 2 章 "元素及其化合物"
教学行动研究报告

1 问题的提出

1.1 不同版本教材对"元素及其化合物"内容处理的差异

高中化学课程标准确定了八大核心元素，即钠、铝、铁、铜、氯、氮、硫、硅，因而也确定了高中化学学习八大元素及其化合物的重要性。

在必修阶段，人教版和鲁科版教材也分别通过内容编排帮助学生排除学习元素及其化合物知识的障碍。人教版侧重运用分类的方法去学习元素及其化合物的知识，鲁科版则是提出了从物质类别和化合价两个角度认识元素及其化合物，即二维图。无论是人教版还是鲁科版的处理实质上凸显的均是运用分类的思想将元素化合物的知识进行系统化和结构化。只是鲁科版进一步明确了分类的角度：氧化还原和类别通性，同时还通过二维图将两个角度关联起来。

1.2 学生学习元素及其化合物知识的常见问题

在现实课堂元素及其化合物知识的学习中，学生普遍会面临如下问题：一是元素及其化合物知识中事实性知识较多，化学方程式记忆量大且易混淆。主要是因为通过记忆，没有对化学方程式的理解，没有分析理解的能力，需要提高理解效果，需要掌握化合价和物质类别通性的知识。二是不会对元素及其化合物知识进行科学的归纳整理。这就需要抓核心问题，抓不变的东西，通过二维图可以使知识结构化。这说明对于遇到的陌生、复杂的问题，还是没有核心角度、核心思路。三是研究陌生物质性质缺乏思路和方法。

我们认为,这三类问题主要是教学中缺乏对学生学习方式的培养造成的,特别是缺乏培养学生关于元素及其化合物的核心的认识方式。学生在学习元素及其化合物的过程中,一方面需要转变其认识方式,即学会利用二维图来认识元素及其化合物。另一方面,我们发现,学生学习元素及其化合物的另一大困难是学生参与实验的机会少,即使有也多以验证为主,这不利于学生的发展。我们建议:一是让学生多做实验,调动兴趣,让学生看到、听到,多动手、多观察;二是思考如何让实验效率更高;三是给学生机会完整论证和说明。总之,我们认为改变学生的实践方式也是转变学生学习方式的一个重要方面,要让学生真正参与利用实验探究物质的性质及转化。

2 研究的理论依据

2.1 核心概念界定

二维图指的是从物质类别和化合价两个角度认识元素及其化合物。其本质之一是体现了认识物质的两个不同角度,本质之二是体现了认识物质的两个角度之间的关联,即化合价的变与不变。

具体来说,学生依据物质类别认识物质性质及转化的基本思路是:确定目标物,判断物质所属类别,利用物质类别通性规律,预测物质可能的变化,选择对应的其他试剂,得到相应的产物。

学生依据氧化还原认识物质性质及转化的基本思路是:确定目标物,找到核心元素,确定核心元素化合价,分析核心元素可能的化合价,预设核心元素化合价可能的变化;选择相应试剂,找到试剂中的核心元素,确定该核心元素化合价,分析核心元素可能的化合价,预设核心元素化合价可能的变化;分析某产物中核心元素可能的化合价,确定核心元素化合价,预设产物,将之与目标物建立氧化还原的关联。分析其他产物,配平氧化还原反应的化学方程式。

中学阶段学生要学习的元素及其化合物知识的认识发展层级如图 2-1 所示。

中学化学实验处理的一般路径为:实验是认识与实践的双螺旋,在课堂教学中处理实验应该经历以下四个阶段。

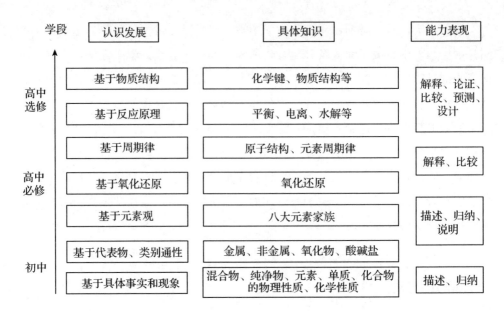

图 2-1　元素及其化合物知识的认识发展层级图

（1）初认识

预测性理论分析：明确实验目的，预测的现象、依据、结论、分析思路。

元素及其化合物的认识思路。

（2）实践

时间和安全。

操作的要点（选取试剂）、步骤。

观察要点：对象、现象、时机、位置。

实验汇报：目的、操作、现象、依据、结论。

（3）再认识

落思路方法：研究物质性质的思路、方法。

落实验：现象、分析依据、结论、推理过程。

落笔头：化学方程式、离子方程式、实验装置等。

（4）再实践

实验报告：实验目的、结论、现象、依据、推理过程。

2.2　主要观点论述

由靠记忆学习的学习方式转变为基于化合价、类别通性、元素观的学习方式，需要从根上走，从学氧化还原、物质分类就开始从能力上转变，学习钠时第一次应用物质分类，学习铁时第一次应用氧化还原的知识，并建立二维图，学习硫时初步内化，学习氮时学会自主应用。我们认为中学典型的 7 种元素及其化合物的学习，对于二维图中的两维均具有非常重要的意义，具体的意义见表 2-1。

表 2-1　常见的 7 种元素及其化合物的学习对二维图中两维的具体意义

维度	钠	铝	铁	氯	氮	硫	硅
物质分类	1. 典型的金属单质；2. 氧化物发展到过氧化物。	1. 既能与酸反应又能与碱反应的金属单质；2. 两性氧化物；3. 两性氢氧化物。	1. 复合氧化物；2. 多价态的碱；3. 易被氧化的碱。	典型的非金属单质。	1. 氢化物；2. 非酸性氧化物和酸性氧化物。	1. 氢化物；2. 多价态的含氧酸；3. 易被氧化的酸。	1. 半导体单质；2. 不溶于水的氧化物；3. 不溶于水的含氧酸。
氧化还原	1. 单一变价(0↔+1)；2. 强还原性。	单一变价(0↔+3)。	1. 存在多价态变化的金属元素；2. 不同物质的氧化还原能力有所差异；3. 同一物质既有氧化性又有还原性，侧重一种。	1. 自身氧化还原；2. 不同价态的含氧酸。	1. 存在多价态变化的非金属元素；2. 氧化物之间的氧化还原；3. 氧化还原的定量问题。	1. 归中的氧化还原；2. 同一物质既有氧化性又有还原性，侧重一种。	

不难看出，常见的 7 种元素及其化合物的学习一方面逐步丰富学生认识物质类别的角度(不仅是物质的类别越来越丰富，而且具有物质类别的通性也有所发展)；另一方面逐步丰富学生认识氧化还原的角度。

关于实验探究，针对原来的情况，可以先让学生尝试做实验，多动手，多观察，应该先有这样的转变，然后考虑如何提高实验的效率，什么时候做实验，是否做探究性实验；另外，实验不仅需要动手，还需要动脑，即加强学生的预测能力，让学生有角度、有思路地预测。这是实验教学精心设计的环节。教师在新授课时尽量不要给学生提示预测角度。然后是精准预测，需要预测产物和现象，并且设想如何检验，这可以认为是设计环节，这一环节仍然是角度思路。整个过程，不仅是动手和观察的过程，而且是充满了思维和推理，充满了认识方式的建构和外显的过程。

元素及其化合物的学习还有一个非常重要的原则，即情境化联系实际。情境素材的功能价值仍然需要思考。除了吸引学生、激起学生的问题、丰富学生对物质反应的辨识，还要联系实际，这不仅仅是激发学生的兴趣，更多的是提高学生的应用能力。因此，教师还需要思考情境素材的选取和应用，包括情境素材的梯度问题。

石油分校化学教研组进行元素及其化合物的教学设计、实施与改进采用行动研究的方式，通过多轮次的改进研究期望对促进学生学习方式转变起到积极的效果。其中学习方式转变包括学生认识方式的转变和学生参与实践方式的转变，即探究物质性质的思路和方式的转变。

2.3 已有研究综述

元素及其化合物作为中学化学的重要组成部分，相关研究已有很多。以"元素及其化合物"为关键词在化学学科教育的几大重要期刊《化学教育》《化学教学》《中学化学教学参考》和《课程·教材·教法》中检索，检索期限是 2006—2015 年，跨度为 10 年。统计结果如表 2-2 所示。

表 2-2 "元素及其化合物"部分期刊已有文献统计表　　单位：篇

期刊＼年份	2006—2010	2011	2012	2013	2014	2015	总数
《化学教育》	132	16	19	17	27	17	228
《化学教学》	112	34	27	35	17	14	239
《中学化学教学参考》	141	43	38	32	65	36	355
《课程·教材·教法》	3	0	2	0	1	0	6
总数	388	93	86	84	110	67	828

从表 8-2 显示的结果可以看出，作为高中化学的一个重要模块，元素及其化合物部分一直是化学教师和化学教学研究者的研究热点，这与该部分内容在中学化学中的重要地位分不开。但是经过对其内容的进一步研究发现，这些文献所涉

及的内容仍然不够全面。经过整理，发现已有的文献对元素及其化合物的研究主要集中在以下几个方面。

（1）元素及其化合物知识的教学策略研究

由于元素及其化合物部分"好学难记"的内容特点，许多研究者研究出这部分内容的教学策略用于一线教师的教学，具体情况如表 2-3 所示。

表 2-3　元素及其化合物知识的教学策略研究已有文献统计表　　单位：篇

期刊＼年份	2006—2010	2011	2012	2013	2014	2015	总数
《化学教育》	6	0	0	0	0	2	8
《化学教学》	2	0	0	0	1	0	3
《中学化学教学参考》	2	2	1	0	7	3	15
《课程·教材·教法》	2	0	2	0	1	0	5
总数	12	2	3	0	9	5	31

其中，胡久华、王磊在《教师对高中化学必修模块元素化合物内容及教学认识的调查研究》中就元素及其化合物内容体系、教学特点、教学思路和教学方式等对高中化学教师做了调查，并提出建议：教师要充分认识新教材的体系结构和必修模块的知识结构，为学生建立起物质性质的规律性认识，为将来的学习打下基础。

姜言霞、王磊、支瑶在《元素化合物知识的教学价值分析及教学策略研究》中通过论证元素及其化合物知识的教学功能价值，提出了两种不同的元素及其化合物知识的教学策略：一是基于具体物质的元素及其化合物知识的教学策略，基于已有学习经验，预测物质的可能性质，总结学习物质性质的思路方法；二是基于转化的元素及其化合物知识的教学策略，通过给出较为具体的转化任务，让学生运用物质类别和氧化还原知识设计转化途径。并以"硫及其化合物"为例进行了实证研究，论证了第二种教学策略更加值得重视。

李旺林在《高中元素化合物知识的分类及教学策略探究》中通过论述元素化合物知识教学中出现的偏差的原因，包括对课程标准认识的缺失、对教材理解的缺失、答非所问、未切要害、专业欠缺、应变能力较弱，提出了四条有关元素化合物知识的教学策略，分别为通过实验活动优化元素化合物知识的学习、联系生活实例优化元素化合物知识的学习、运用工业生产实际优化元素化合物知识的学习、利用氧化还原反应优化元素化合物知识的学习。

（2）讨论元素及其化合物部分的考点、对知识点的把握与复习或习题的研究

由于元素及其化合物知识在中学化学学习中占有非常重要的地位，是氧化还原反应、离子反应、盖斯定理、元素周期表等内容的重要载体，在各级各类的考试中也占有很大比例。因此，研究者和教师立足于元素及其化合物的复习和对考点的把握等的研究也颇多，具体情况见表 2-4。

表 2-4　元素及其化合物考点和习题研究已有文献统计表　单位：篇

期刊 ＼ 年份	2006—2010	2011	2012	2013	2014	2015	总数
《化学教育》	3	1	1	1	2	3	11
《化学教学》	7	3	1	1	3	3	18
《中学化学教学参考》	24	1	2	2	9	9	47
《课程·教材·教法》	0	0	0	0	0	0	0
总数	34	5	4	4	14	15	76

其中，王磊、郭晓丽、王澜、商晓芹、张俊华在《元素化合物认识模型及其在复习教学中的应用——以高中〈化学 1〉"金属元素及其化合物"单元复习为例》中基于无机元素及其化合物知识结构特点、中学化学课程的教学要求以及学生认识和解决元素及其化合物有关问题的思维机制，提出元素及其化合物认识模型，运用认识对象、化学问题、能力任务、认识角度和认识方式类型等重要认识变量，揭示中学生针对无机元素及其化合物性质这一认识域的认识系统构成。研究还基于高中《化学 1》中"金属元素及其化合物"单元复习教学实践，结果表明，基于模型进行复习教学的整体设计和实施有利于学生能力的发展，在此基础上提出元素及其化合物认识模型进行复习教学。

（3）元素及其化合物知识的学法研究

例如，有学者指出元素及其化合物的学习要抓住四个要点：第一，要充分利用已学过的理论来指导、统领元素及其化合物部分的学习，并尽可能地加深理解；第二，要厘清知识内在的逻辑关系，尽可能地使知识变得有序化、网络化、条理化、规律化；第三，要抓重点、抓代表元素、抓特殊点；第四，要善于归纳、类比和总结。

（4）元素及其化合物教材分析和教学设计的研究

有关元素及其化合物部分内容的教材分析和教学设计的已有研究如表 2-5 所示。

表 2-5 元素及其化合物教材分析或教学设计文献统计表 单位：篇

期刊＼元素	钠	铝	铁	铜	硅	氯	硫	氮	总数
《化学教育》	6	7	9	3	3	2	6	4	40
《化学教学》	10	5	7	4	2	4	12	2	46
《中学化学教学参考》	22	13	16	3	3	4	13	10	84
总数	38	25	32	10	8	10	31	16	170

（5）针对教材中的某个实验进行改进

由于实验对元素及其化合物部分的学习有着支撑的作用，因此实验一直以来都是研究者们研究的重点，具体情况见表 2-6。对实验的研究包括对实验装置的改进、对实验过程的改进等，目的是达到绿色化学的要求，降低危险性，提高产率，现象明显等。

表 2-6 元素及其化合物教材分析或教学设计已有研究统计表 单位：篇

期刊＼元素	钠	铝	铁	铜	硅	氯	硫	氮	总数
《化学教育》	24	8	16	9	0	4	4	1	66
《化学教学》	32	23	35	38	0	16	15	11	170
《中学化学教学参考》	28	7	19	28	0	2	6	6	96
总数	84	38	70	75	0	22	25	18	332

从有关元素及其化合物的已有研究中可看出，已有研究较少将元素及其化合物的学习系统着力于转变学生的学习方式上，同时也少有研究采用多轮次教学设计实施与改进的思路进行元素及其化合物的教学研究。

基于以上问题，石油分校化学教研组在以王磊教授为首的高端备课团队的支持下，近年来进行了一系列元素及其化合物的教学设计实施与改进研究。

3 研究的设计与方法

"高端备课"是北师大化学教育研究所王磊教授及其团队于 2008 年创立并实践的一种基于专家支持与同伴合作的教学研究模式。它以学科核心知识的教与学关键问题及有效教学策略为研究内容，以学生的认识发展效果为证据。王磊教授这样阐释项目名称的意义：高端"三意"——基于专家支持和现代科学教育理念、不断超越已有教学设计水平、基于研究的系统教学设计；备课"三意"——体现桥梁转化功能、源于真实教学场域和实际需要、遵循备课—研课的工作程序。

基于高端备课平台进行的教学设计、实施与改进遵循了行动研究的范式，授课教师会在高端备课专家的指导下围绕一个内容进行从备课研讨到试讲再到正式讲的多轮次教学。具体流程如图 2-2 所示。

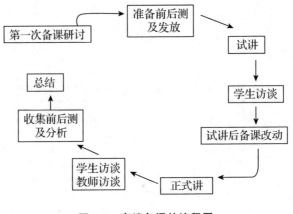

图 2-2 高端备课的流程图

在整个备课过程中，各节教学案例最终成果的形成都从发现问题和问题确认开始，以元素及其化合物学习的核心认识方式为基本理论依据，实施行动方案和进行数据收集，通过备课研讨、试讲、正式讲，得到最终关于教学设计和实施的研究结论和反思建议。

到目前为止，石油分校共进行了关于元素及其化合物的高端备课 5 节课，有必修 1 铁的重要化合物、铝的重要化合物、二氧化硫的性质，必修 2 金属资源的开发与利用以及海水资源的开发与利用。

一般来说，课例研究者的行动计划是对元素及其化合物进行三次教学，总共分为四个阶段，第一阶段是在常规教学的基础上进行备课研讨，通过对课程标准及不同版本内容的教材分析，以及对前期自己与他人研究中关于学生学习某元素及其化合物的反思，尽量精准定位学情。在和专家同行的讨论中，进一步明确学生学习该内容背后所应该凸显的知识的功能价值观，认识到单一元素及其化合物的学习需要通过建立认识模型与形成物质之间的关联，需要选取合适的代表物来实现多物质的转化学习；需要通过典型元素的重要化合物的学习进一步引导学生学会通过实验探究物质的性质，并将这种对物质性质研究的思路外显提取出来，明示给学生。第二阶段是实施第一阶段的教学设计即试讲，教学之后通过教师和学生访谈以及学生问卷，进一步明确学生学习以及教师教学的问题。第三阶段是在试讲之后再次修正教学设计，并进行教学实施，即正式讲。这一阶段更加注重了通过问题驱动建立元素及其化合物的认识模型即二维图，同时实验探究的方案进一步精致化，并注重通过阶段性小结将学生思路外显。第四阶段是正式讲后再次反思并修正教学设计，用以指导之后的教学实施。

4 研究的过程与发现

课例行动研究历程详见表 2-7。

表 2-7 课例行动研究历程表

时间	课例	授课教师	指导专家	学生
2013/10	几种重要的金属化合物——铝的化合物	丁红霞	支瑶	2013 级高一
2013/10	几种重要的金属化合物——铁的化合物	刘湘	支瑶	2013 级高一
2014/06	开发利用金属矿物和海水资源——金属矿物的开发利用	丁红霞	陈颖	2013 级高一
2014/06	开发利用金属矿物和海水资源——海水资源的开发利用	刘湘	陈颖	2013 级高一
2015/12	硫和氮的氧化物——二氧化硫的性质	孙翠霞	黄鸣春	2015 级高一

回顾整个元素及其化合物的课例行动研究历程，石油分校化学教研组在和高端备课专家团队的相互作用过程中，有了以下的收获。

4.1 化学教研组的教师对于元素及其化合物的学习方式形成了统一认识

帮助学生搭建二维图，使其分析问题有抓手。二维图在学生学习化合物知识时可以帮助他们从氧化还原、物质类别两个维度思考问题，从而培养学生运用多种模型来描述和解释化学现象，预测物质及其变化的可能结果的能力。

为了了解使用二维图的效果，教师在高一年级进行了学生学科能力发展——金属部分后测。图 2-3 是报告的部分内容。

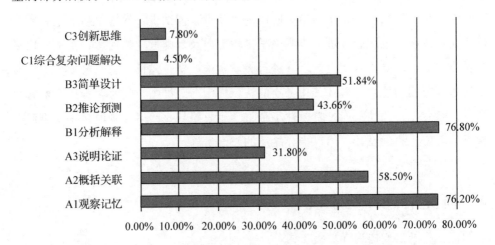

图 2-3   各能力要素得分率

从整体来看，对于金属部分的学习，大部分学生可以解决 A 类和 B 类水平的任务，解决 C 类水平任务的能力较低。具体来看，学生在 A3 说明论证、B2 推论预测、B3 简单设计这三类任务中还有很大的提升空间。也就是说，学生整体上对于金属元素及其化合物这部分基本知识的掌握和理解均已接近良好，但具体运用这些知识分析解决问题的能力，即从物质类别和氧化还原两个角度认识物质的思路有待巩固和提高。从以上分析可以看出，二维图的确是学生学习元素及其化合物知识的最佳帮手。

4.2 教师学会利用教学设计的多条线索，激发学生思考欲望

以往的教学设计都是按照知识线索展开，辅以实验、多媒体、小组讨论等方法完成学习。虽然学生全程参与，但积极性不高，结果导致学生对化学方程式前

学后忘，遇到陌生问题无从下手。再加上一些烦琐的性质、现象需要记忆，很多学生失去了对化学学习的热情，最后放弃了化学的学习。化学在学生心目中就变成了一门单纯靠死记硬背来学习的学科。

通过不断参与高端备课的行动研究，化学组全体教师摒弃了陈旧、传统的教学模式，从学生的认识发展规律和学生的学习方式出发进行教学设计，实现了多条线索(即知识线索、认识发展线索、问题线索、活动线索、教师讲述线索、情境线索等)并进式的课堂教学设计，激发学生的思考欲望、参与欲望，使课堂更贴近学生，更符合学生的认知发展规律。

例如，高一的"二氧化硫的性质"这一节内容就利用了多条线索，包括情境线索(含硫图片、酸雨形成)；问题线索(二氧化硫从哪里来，到哪里去)；活动线索(①分组实验——猜想、设计讨论、汇报、实验、再汇报、整理学案；②依据二维图讨论二氧化硫到哪里去了)；知识线索(二氧化硫的还原性、酸性氧化物通性、氧化性、漂白性)。课后与学生访谈时，学生对于这样的设计给予了充分的肯定，表示出对设计的喜爱，这增强了教师们坚持改进的决心。

4.3 提升了教师们的校本课程开发能力，提升了学生的化学学科素养

根据本校学生的实际情况，石油分校化学教研组对课标教材进行了校本化改进。例如，高一年级在必修 2 第一章"物质结构 元素周期律"教学时，进行了如下调整：第一步在高一第一学期结束前帮助学生了解元素周期表的结构，然后作为假期作业要求学生熟悉，这样扫清了第二学期学习周期表带来的障碍。第二步借助九年级原子结构的相关知识，带领学生进一步学习原子核外电子的排布。有了元素周期表和原子结构知识的支撑，再去研究同周期、同主族元素的相似性、递变性，总结位、构、性之间的关系，再辅以相应的实验，就变得水到渠成了。有了扎实的元素知识，化学键的学习就简单多了。整个单元学完后学生们也觉得化学理论不再难学、不再枯燥乏味。再如，必修 2 有机化学部分，根据本校学生的特点(大部分学理科)，传统的教学不仅使学生关于有机化学的知识结构体系零散，还与选修 5 内容有重合，为此在教学内容上做了以下改变：烃类物质增加了乙炔、苯的同系物甲苯，同系物的性质变化、命名，同分异构体的书写；烃的衍生物增加了认识常见官能团、按官能团分类等。这样的设计让学生对有机物的了解、认识有一个思维体系，为选修 5 的学习打下基础，使学生在接触选修 5 时相

对轻松，减轻了学习压力，同时也加快了课堂教学进度，节省下的时间可以加大学生课堂讨论、实验的力度，培养学生的创新精神和善于解决问题的实践能力。

5 研究的结论与反思

5.1 研究结论

石油分校化学教研组进行的元素及其化合物高端备课研究有以下几点重要的研究收获。

第一，对元素及其化合物的行动研究加深了教师对学科本体内容的认识，促进了学生学习方式的改变。

中学阶段，元素化合物是学生学习化学的起点。通过专家指导、不断的相互讨论、教学的实施和反思，教师对于元素及其化合物的认识模型——二维图有了更本质的认识，这种认识可以拓展到整个中学阶段元素及其化合物的学习中。关于二维图的生成和发展，教师们拓展的认识如下。

初中阶段：学生从认识单个典型物质开始，进而发展到认识酸类、碱类等一类物质。高中必修阶段：学生对于元素及其化合物的学习最初是从类比之前的典型代表物开始，随着聚焦元素家族的学习，学生对于物质分类和氧化还原的认识也在逐步形成，并发展为可以从类别通性和氧化还原性两个角度认识某元素家族相关物质的性质，认识并利用二维图。而在元素周期律的学习之后，学生发展到可以从元素周期律的角度认识不同元素家族物质的性质。高中选修阶段：学生经过反应原理模块的学习，就能够从水解、电化学的角度认识物质性质。

从二维图与学生前期物质学习的关联来看，它的学习基础是学生能够运用类别通性和类比去认识物质性质。那么，如何从类别通性和氧化还原两个角度去认识物质呢？换句话说，前两个不同的层级之间的进阶的关联是什么值得思考。我们发现，在初中阶段，学生也具有类别通性的认识，但是很少从化合价的角度去看类别通性。学生也了解氧化还原，但是是从得失氧的角度去学习，尚未关注到化合价的变化。初中阶段，化合价只是帮助学生解决了化学式的书写问题，没有体现其认识物质性质的功能。在高中必修学习氧化还原之后，学生对反应的分类认识深化为两大类，即氧化还原反应和非氧化还原反应。而相应的认识物质性质自然也就成为两类,一是关注化合价发生变化的性质,二是关注化合价不发生变化的性质。即氧化还原的角度和类别通性的角度,两个维度联系起来正是研究物质性质的两个重要角度。

从二维图与学生之后物质学习的关联来看,化合价的变化更本质的意义是元素原子最外层电子运动的变化。原子核与电子的相互作用及其规律引发了同族和同周期元素及物质性质的相似性和递变性。因而元素周期律也成为认识不同但有联系的元素家族相关物质及性质的一个重要角度。

也就是说,二维图作为必修阶段学习物质及性质的重要角度具有重要价值。其本质之一是体现了认识物质的两个不同角度,本质之二是体现了认识物质的两个角度之间的关联,也即化合价的变与不变。而这与之后基于元素周期律认识物质性质在物质结构的认识上归于统一。

第二,教师的教学方式在转变学生学习方式的过程中得到了转变。

课程改革的重要标志是教师教学行为的变化和学生学习方式的转变。教师的教学行为尤其是教学方式,直接影响甚至决定了学生学习方式的选择和运用。因此,只有改变教师的教学设计与实施,才能促进学生学习方式的转变,才能使学生具备实践能力和创新精神。

5 节"元素及其化合物"高端备课课例就是根据这一理念设计和实施的。通过 5 节课的尝试,本组教师在教学方式上做了一些改变。

一是更注重对学生学习情况的调查、分析。每一节高端备课课前都有前测,正式讲后有后测,通过前后测了解学生对所学内容知识的掌握情况,教师的教学设计有无效果,学生的学习方式有无改变,等等。而且试讲和正式讲后都有学生的访谈,面对面地和学生交流本节课的感想,可以更直观地了解学生对教学设计的感受,便于教师改进和提高。有了高端备课课的范例,教师感受到了解学情是实施教学设计的重要环节。因此,在以后的备课组活动中教师都会一起认真分析学生在本阶段的学习障碍点,设计什么样的教学活动可以解决这个障碍点,本阶段的教学还可以发展学生的哪些认知,等等。这样就使得教学方式更有针对性,更受学生的喜爱。

二是更注重课堂实验设计。以往的课堂实验都是教师讲完知识,学生通过实验去验证结果,没有新意,没有创造性,对学生学习帮助甚微。因此,课堂实验就相当于摆设,看着好看,热闹,学生却提不起兴趣。5 节高端备课课例的尝试使教师对实验有了更深刻的认识。化学是一门以实验为基础的学科，要在有限的课堂教学时间内设计安全、简单、易操作的学生实验，让学生通过自己观察、分析、讨论进行学习。学生动手、动脑、小组交流会收到意想不到的效果。如"二氧化硫的性质"这节高端备课课例，教师设计了一个活动：二氧化硫到哪里去了？让学生思考。学生根据自己的生活常识知道二氧化硫形成酸雨了。教师接着提问："二氧化硫如何转化成酸雨?"学生中有两种猜想：一是从化合价的角度猜想形成三氧化硫，二是从物质分类的角度猜想形成亚硫酸。下面的活动是学生设计实验，验证自己的猜想。这样的验证实验增加了学生的思考空间，提升了创造力，使课堂氛围充满了挑战性，同时也激发了学生学习化学的兴趣。课后的学生访谈也证实了这一教学设计的效果。

5.2 研究展望

除了收获，我们对未来石油分校化学教研组进行的元素及其化合物备课研究有以下几点重要的研究展望。一是把高端备课流程变成各个备课组的常态化流程，经常通过学情调查、分析、课后反思及学生访谈了解教学设计的效果和可行性，通过改变教师的教学方式帮助学生改变学习方式，最终提升学生的化学学科素养。二是对元素及其化合物备课的研究，下一阶段希望进行单元整体教学设计，并尝试开展深度学习，以期通过对实际问题的解决来帮助学生学习元素及其化合物的知识，提升学生利用所学知识解决实际问题的能力。三是要在设计课堂问题和实验上再进行改进，问题要有挑战性，实验要有创造性，要给学生留有充分的思考和实验时间，让学生能尽可能地展示自己的思维过程，让学生在讨论、实验、分析、争论中自己获得元素及其化合物的知识。四是继续坚持和完善二维图在元素及其化合物教学中的使用，提高学生对模型的认知，使教师和学生对该模型的认识和使用更加灵活和主动。

（本章作者：黄鸣春　刘军　沈莹）

第 3 章 "铝的重要化合物"教学行动研究报告

1 问题的提出

1.1 备课组自身的教研需求和教学困惑

从课标和教学大纲分析来看,教学大纲指出要学习铝的物理性质、化学性质这些细节的知识点,课标指出要学习金属的各种性质,但未指明具体什么性质。

从初高中不同学段来看,初中主要讲了铝的主要化学性质,情境是日常生活中使用金属材料的信息,当地金属矿物开采和金属利用情况。而高中在此基础上系统地讲了钠、镁、铝、铁、铜的化学性质,并且讲了合金。应用的情境有铝盐和铁盐的净水。

从教材内容编排来看,人教版采用分线编排,遵循物质分类的思路来建构教材的体系,凸显类比的学习方法。苏教版采用复合线索,从"铝土矿制备铝的工艺流程"的线索和"金属及其化合物的性质线索"两方面展开。鲁科版采用复合线索,围绕金属及其化合物的性质线索、金属材料及其合金的应用线索展开。

在教材的内容组织上,苏教版内容较全,选取了铝、氧化铝、氢氧化铝,以及偏铝酸盐。鲁科版主要重视铝的反应,人教版更重视铝在生活中的应用。人教版最符合课标,课标提到的反应基本都有。而苏教版和鲁科版没有提到铝与酸以及铝与碱的反应。

在教材的内容呈现方式上,鲁科版的活动更多是引发学生自己思考,人教版以实验和科学探究为主,强调学生的动手能力,苏教版更多是以资料卡片和拓宽视野的形式呈现给学生。

1.2 关于铝及其重要化合物的教学困惑

元素化合物的教学最困难的就是如何能够让学生记住化学反应方程式。每次讲授这部分内容时，往往都要花费精力去让学生记忆化学反应方程式、考学生化学反应方程式的书写。但是这种靠教师"武力镇压"，强迫学生记忆方程式的方法收效甚微，学生即使短时间内记下，过一段时间也大多会遗忘，然后又要重新记忆，在这上面花费了大量的时间和精力。化学反应方程式的记忆尚且存在问题，更不用说提高学生解决实际问题的能力了。如何能够让学生在学习元素化合物知识的过程中掌握学习的方法，让学生不再是机械地记忆化学反应方程式？以铝的化合物为例，铝作为学生在高中阶段学习的一种比较特殊的金属，它的性质以及它的氧化物、氢氧化物的性质，学生学习起来较为困难，化学反应方程式的掌握也较为困难。如何让学生掌握化学反应的规律，让看似杂乱无章的性质有规律可循，是一直以来让笔者困惑的问题。

在这种困惑中，首先需要理解学生学习困难的本质，铝及其化合物的学习难点是不同类别化合物之间的转化关系不太好记忆。而记忆的关键之一在于知识的有序建构，之二在于概括抽提出共性的方法。

1.3 学生学习情况

学生学习铝的重要化合物已有的知识基础是：对酸、碱、盐、氧化物中典型代表物的性质已掌握；会书写简单的离子反应方程式；会使用溶解性表；了解强碱、弱碱的概念。

学生存在的困惑在于：无法由点到面，通过物质类别预测物质性质有一定困难；较复杂的物质拆成离子有困难；无法直接书写离子方程式。

学生重要的发展点在于：两性氢氧化物、两性氧化物的概念；铝的重要化合物之间的转化关系。真正理解了两性氧化物、两性氢氧化物的概念，方程式的书写才不再是死记硬背。理解了反应的本质，书写离子方程式也就能够直接从离子入手，提高书写的速度和准确率。学会了从物质分类的角度分析物质的性质，就会拥有学习元素化合物知识的一件重要工具，不只是解决了铝及其化合物的问题，其他的物质也可以进行类比学习。

2 研究的理论依据

2.1 铝及其重要化合物学习的功能价值

铝元素是一种典型而特殊的金属元素，是典型的两性金属元素，为学生学习金属元素及其化合物提供了新的角度和视野，教材中涉及的物质及主要知识如表 3-1 所示。

表 3-1 铝及其化合物的化学反应方程式及物质转化汇总表

物质	化学反应方程式
Al 单质	$2Al + 2NaOH + 2H_2O == 2NaAlO_2 + 3H_2 \uparrow$ $2Al + 6HCl == 2AlCl_3 + 3H_2 \uparrow$
Al_2O_3	$Al_2O_3 + 6HCl == 2AlCl_3 + 3H_2O$ $Al_2O_3 + 2NaOH == 2NaAlO_2 + H_2O$
$Al(OH)_3$	$Al(OH)_3 + 3HCl == AlCl_3 + 3H_2O$ $Al(OH)_3 + NaOH == NaAlO_2 + 2H_2O$ $2Al(OH)_3 \xrightarrow{\triangle} Al_2O_3 + 3H_2O$
Al^{3+}	$AlCl_3 + 4NaOH == NaAlO_2 + 3NaCl + 2H_2O$ $Al_2(SO_4)_3 + 6NH_3 \cdot H_2O == 2Al(OH)_3 \downarrow + 3(NH_4)_2SO_4$

在实验方面，主要涉及的都是金属铝、氧化铝及氢氧化铝与酸、碱溶液的反应，具体内容如表 3-2 所示。从对物质性质的相关研究看，都是探究物质性质的实验，即这三种物质的"两性"。

表 3-2 铝及其化合物在三个版本教材中的实验汇总

探究实验			演示实验		
人教版	鲁科版	苏教版	人教版	鲁科版	苏教版
加热铝箔	—	1. 氢氧化铝与酸、碱溶液的反应； 2. 金属铝的性质实验。	1. 铝分别与盐酸和氢氧化钠溶液的反应； 2. 氢氧化铝的制取； 3. 氢氧化铝分别与盐酸和氢氧化钠溶液的反应。	1. 金属铝的还原性实验； 2. 氢氧化铝分别与酸、碱溶液的反应。	—

2.2　铝及其重要化合物的认识方式

图 3-1 展示了铝及其重要化合物在二维图中的转化关系。铝及其化合物的认识方式仍然是要发展物质分类和氧化还原两个认识角度。通过逐步渗透，从价态、物质类别两个维度实现物质转化的方法，为后面金属铁的化合物的学习奠定基础。

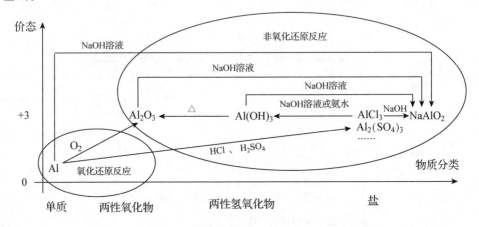

图 3-1　铝及其重要化合物的认识方式图

在物质分类方面，金属铝、氧化铝、氢氧化铝的学习当中都涉及它们分别与酸、碱溶液的反应。这就要求学生在原有知识的基础上建立起关于金属与碱溶液的思考，发展学生对于物质类别的认识角度，同时也认识新的类别通性反应。

在氧化还原方面，金属铝作为一种常见的金属，在化学反应中的价态变化相对来说比较单一，即 0 与 +3 价的相互转化。通过对铝及其化合物相关知识的学习，学生可以进一步发展对典型金属元素的感性认识，为后面的元素周期律的学习奠定基础。

2.3　铝及其化合物教学的研究综述

铝的几种重要化合物之间的转化关系一直以来都是难点。比较经典的做法就是教师们常说的"铝三角"，将氢氧化铝按照酸式电离和碱式电离分别进行分析，从中寻找规律。关于铝的重要化合物的探究性教学，邓梅在《"铝的重要化合物"探究性教学实施策略》中提出让学生通过金属单质—氧化物—碱—盐这条物质转化主线，引导学生围绕 Al、Al_2O_3、$Al(OH)_3$、$AlCl_3$ 或 $NaAlO_2$ 这条线索探究 Al、Al_2O_3、$Al(OH)_3$ 具有哪些化学性质。佘淑玲在教学中尝试根据铝的化合物的性质创设生活化情境，引起学生探究其性质的兴趣，然后让学生主动探索氧化铝和氢氧化铝的两性。穆姿秀在《巧设驱动问题　促进深度学习——以"铝的重要化合物"教学为例》一文中提出铝的重要化合物在元素化合物学习中占有不可替代的作用，通过对铝的化合物特殊性质的学习，学生可以完善物质分类的认识角度。此文介绍了以实验探究为手段，通过问题驱动的方式引导学生建立铝、氧化铝、铝盐、氢氧化铝之间的转化关系。通过对文献的分析不难发现，铝的重要化合物教学的核心目的是帮助学生学会从物质分类的角度认识物质，并且建立铝的重要化合物之间的转化关系。

3　行动方案的实施与改进

3.1　"铝的重要化合物"的高端备课改进历程

第一阶段：备课研讨，见表 3-3。

表 3-3　备课研讨

学生存在的问题：难以理解氧化铝、氢氧化铝的特殊性质。铝的化合物间的转化关系没有建立起来。			
起点	障碍点	终点	转变策略
铝既能与酸反应又能与碱反应。	氧化铝、氢氧化铝与碱的反应。	氧化铝、氢氧化铝作为两性化合物既能与酸反应又能与碱反应。	从铝盐入手，让学生在铝盐性质预测、探究的过程中发现问题、解决问题。

教学设计见表 3-4。

表 3-4　备课阶段的教学设计

教学设计 0	教学设计 1
环节 1：铝的重要化合物都有哪些？ 思考：如何能够将铝的化合物不遗漏地罗列出来？（按照物质分类的顺序）	环节 1：梳理铝的重要化合物。 环节 2：从铝盐入手，研究铝盐和碱（强碱、弱碱）的反应。

续表

教学设计 0	教学设计 1
研究化合物的两个视角——物质分类、氧化还原。 环节 2：研究氧化铝的性质。 环节 3：研究氢氧化铝的性质。	实验过程中看到了什么？有哪些问题？ 提出问题：氢氧化钠的试管中氢氧化铝为什么消失了？ 环节 3：是什么让氢氧化铝消失的？ 系统分析、实验验证。 结论：氢氧化钠。 环节 4：关于氢氧化铝研究什么？ 是不是不能和酸反应，实验验证。 结论：氢氧化铝是两性氢氧化物。 环节 5：氢氧化铝的应用，耐火砖能分解成氧化铝，引出氧化铝。 推测氧化铝的性质。 环节 6：回到二维坐标，修正坐标。 将氧化铝转化成铝盐、氢氧化铝。

　　教学设计 0 是笔者原来已有的教学设计。之前讲授铝的化合物这部分内容时基本采取的方式就是罗列铝的各种化合物，再分别进行性质的学习。这一设计思路很清晰，但是铝的化合物之间彼此缺乏联系，所学的知识是线性的，没有形成网络，学生只能逐条记忆所学内容，记忆效果欠佳，对知识的综合应用能力就更差了。教学设计 1 是与专家共同备课之后所完成的教学设计，突出物质之间的转化关系，从具体物质铝盐入手，通过类别预测性质，进行实验探究，在探究过程中抓住实验的特殊现象，突破两性氢氧化物的概念。

　　第一次的试讲发现学生不能主动地应用物质分类和氧化还原两个维度，于是在课堂引入的环节进行了一些调整。

　　总的来说，备课研讨解决了课的定位问题，一是需要建立铝及其重要化合物之间的转化关系，并将这一关系的建立定位在建构二维图上；二是将铝盐作为素材选取的突破口，以之为基点实现二维图的建构。

　　而备课研讨后的教学实施暴露的问题是，学生能够理解铝的重要化合物之间的转化，但是并不能够有效理解和运用二维图这种有效的认识物质性质及转化的方法。即需要让学生通过实践，运用二维图学习这种认识物质及转化的角度。

第二阶段：试讲阶段，见表 3-5。

表 3-5　试式阶段的教学设计

教学设计 1	教学设计 2
环节 1：梳理铝的重要化合物。	环节 1：展示学生的课前预习作业——以手抄报的形式介绍铝的重要化合物在生活中的应用。 从物质分类和氧化还原的角度梳理铝的重要化合物。

经过修改之后，在本节课教学之前，提前给学生布置作业，让学生以小组为单位，完成铝的重要化合物用途资料的收集，以手抄报的形式呈现给大家。由于学生在之前已经学习过铝的相关知识，对于氧化铝熔点高这一物理性质已经有了一定的认识，他们在收集资料的过程中，遇到自己能够解释的内容——氧化铝可以做耐火材料——时会比较兴奋。又因会遇到一些自己不能够解释的问题而对接下来的学习充满期待。更重要的是，学生对于各种铝的化合物有了初步的认识，课堂上重要的任务就是帮助学生形成条理——利用二维图梳理铝的化合物，为后面学会主动应用这两个维度预测性质做好铺垫。

修改之后的教学设计 2，在实施的过程中又发现了一些新的问题。在突破氢氧化铝是两性氢氧化物概念理解的过程中，只是由氢氧化铝可以和碱反应来推测氢氧化铝不是碱性氧化物，再提出氢氧化铝能否和强酸反应的问题，经学生实验验证氢氧化铝能和强酸反应后，得出两性氢氧化物的概念。教师引导太多，缺少学生自己质疑、预测的过程，所以在这一环节的突破上又进行了重新设计。教学设计 3 主要是在这一环节上进行了更加具体的设计。

总的来说，试讲阶段总体上解决的是关注学生思考起点和路径的问题。一是通过手抄报这种形式探查学生学情并激发学生学习兴趣；二是真正注意到学生是否有机会运用和如何运用二维图的问题。

试讲暴露的问题也是在关注学生学习规律上：一是在认识方式上仅用二维图组织了物质，缺少让学生利用二维图预测性质转化的内容；二是在实验处理上教师引导过多，学生无论是思维还是动手参与都偏少，没有很好地发挥学生的自主性。

第三阶段：正式讲阶段，见表 3-6。

表 3-6 正式讲阶段的教学设计

教学设计 2	教学设计 3
师：沉淀为什么消失了？是谁让氢氧化铝消失了呢？ 生：应该是氢氧化钠。（个别学生）	师：沉淀为什么消失了？是什么让氢氧化铝消失了呢？ 生沉默。 师：请大家观察一下硫酸铝与氢氧化钠反应时的反应物和生成物。 生：氢氧化钠。（个别学生）
师：氢氧化铝可以和强碱反应，一种我们认为是碱的物质，它居然可以和碱反应，这说明它很特殊。那么氢氧化铝是不是就不会与酸反应了呢？需要我们通过实验来验证一下。 生动手实验，发现氢氧化铝溶于盐酸。 师：因为氢氧化铝可以和盐酸反应，有一定碱的性质，又可以和强碱氢氧化钠反应，有一定酸的性质，所以我们将氢氧化铝归为两性氢氧化物的类别（在二维图上修改横坐标）。	师：既然氢氧化铝可以和强碱反应，那氢氧化铝肯定不是碱，那是什么类别呢？既然不是碱，有没有可能是酸呢？ 生纷纷摇头。 师：如何通过实验来证明氢氧化铝是否是酸？ 生：看氢氧化铝是否与盐酸反应，如果反应，说明氢氧化铝不是酸，如果不反应，就应该是酸。 生动手实验，发现氢氧化铝溶于盐酸。 师：因为氢氧化铝可以和盐酸反应，有一定碱的性质，又可以和强碱氢氧化钠反应，有一定酸的性质，所以我们将氢氧化铝归为两性氢氧化物的类别。
师：氢氧化铝还有另一个性质，受热可以分解为氧化铝。那么氧化铝可以和哪些物质反应呢？ 生：可以和酸反应。 师：能够和氢氧化钠反应吗？ 生：可以。（部分学生） 师：认为可以的同学，能不能说一说自己的依据呢？ 生：我们在做铝与氢氧化钠反应的实验时，其实铝片表面有一层氧化铝膜，如果氧化铝不与氢氧化钠反应，那么我们就看不到铝与氢氧化钠反应的现象了。 师：很好。所以我们同样不能将氧化铝归入碱性氧化物的范畴，它应该属于一个新的类别——两性氧化物（修改二维图的横坐标）。	师：回顾我们曾经学过的铝的性质、氢氧化铝的性质，我们来预测一下氧化铝的性质。 生：氧化铝可以和水反应。 师：你为什么这么预测呢？ 生：我觉得氧化铝是碱性氧化物。 师：我们曾经做过铝箔和酸碱的反应，回忆一下做实验时我们是否打磨过铝箔？ 生：没有。 师：那说明什么？ 生：氧化铝也可以和酸碱反应。 师：那么我们还能称氧化铝为碱性氧化物吗？氧化铝应该属于哪一类别？ 生：两性氧化物。

经过修改的教学设计 3，在突破氢氧化铝为两性氢氧化物这一环节上增加了学生的思考空间，让学生提出猜想，进行实验。氢氧化铝是不是酸呢？一切以实验事实为依据，如果氢氧化铝是酸，那它必然不能与酸反应。学生实验：往用氨水制备的氢氧化铝中滴加盐酸，结果沉淀同样消失。氢氧化铝既不是碱也不是酸，那氢氧化铝应该是哪一类物质呢？这样两性氢氧化物的概念的形成就水到渠成了。这种实验探究的方式：提出假设→实验验证假设→发现问题→再假设→再验证→得出最终结论，既让学生掌握了学习的知识，同时也让学生体会到了科学探究的乐趣，如果这种科学探究的思想能够渗透到所有的元素化合物的教学中，各种层次学生的探究能力都会有不同程度的提高。比如，以上对氢氧化铝性质的探究其实是教师为学生搭建了台阶："从物质类别出发，铝盐能发生什么样的反应，可以参考提供的试剂；强碱、弱碱是否都可以；氢氧化铝与氢氧化钠反应，会不会是酸，是酸一定不与酸反应。"有了这些台阶即使探究能力比较弱的学生也可以在教师的引导之下顺利地完成探究活动。

正式讲主要解决的是定位学生认识物质性质及转化的角度问题，并对二维图这种认识方式进行精致化处理。一是在出现认知冲突时，及时将冲突的点定位在"物质类别"的发展上；二是将学生对物质性质的预测环节充分打开，不断引发学生依据物质类别或是氧化还原去预测物质的性质。也就是把握住了让学生理解二维图的关键是让他们生成角度和运用角度而不是由教师给出或者直接展示角度这一点。同时精致化处理体现在实验的处理上，此时实验不只是简单的实践操作，而是认识和实践的螺旋建构。学生提出假设，说出假设依据；学生汇报实验方案；学生进行实验；学生得出结论并进行说明论证。整个环节实现了实验处理的精致化。

3.2 "铝的重要化合物"正式讲

3.2.1 教学设计与实施

教学目标如下。

知识与技能：掌握铝的重要化合物的性质；理解两性氢氧化物及两性氧化物的概念；学会使用二维图的分析方法。

过程与方法：通过从物质的类别预测性质、验证预测的活动学习铝的化合物的性质，通过比较的方法寻找铝及其化合物与酸碱反应的规律。

情感、态度与价值观：学生在学习铝的化合物的性质的同时理解铝的化合物在生活中有相应用途的原因，感受化学反应的社会价值。

教学重点：两性氢氧化物、两性氧化物的概念；铝的重要化合物之间的转化关系。

教学难点：铝的重要化合物之间的转化关系。

教学过程见表 3-7。

表 3-7 教学过程

环节	教师活动	学生活动	设计意图
环节 1：引入、整理铝的化合物、确定研究方法	【引入】课前学生分小组绘制的手抄报展示了铝的化合物的用途。 回忆研究物质的两个视角：氧化还原和物质分类。将这两个视角在二维坐标图中展现出来。建立二维坐标图的横纵坐标。 布置任务：在二维图中整理自己知道的铝的化合物。	观看各组的手抄报，感受铝的化合物在生活中的重要用途。 完成任务。	激发学生学习铝的化合物的兴趣，同时也帮助学生回忆铝的一些常见化合物。 帮助学生建立研究物质的一般思路。让学生认识到研究铝的化合物的性质时，可从物质分类的角度出发。
环节 2：预测并验证铝的化合物的性质	【问题1】预测硫酸铝的性质，并说出预测依据。 确定重点的研究方向：硫酸铝与碱的反应。理论依据是溶解性表。 让学生观察试剂托盘，确定选择的碱。 总结实验现象：①产生沉淀；②试管1中的沉淀消失。 【问题2】试管1中的沉淀为什么会消失？是什么让沉淀消失的？ （若有学生提出氢氧化钠之外的物质，教师演示实验。）	思考并回答问题。 回答、思考。 学生活动1：硫酸铝与强碱、弱碱的反应。 学生汇报实验结果。 书写产生沉淀的化学方程式、离子方程式。 学生预测。	帮助学生学会从物质分类的角度思考问题。帮助学生做到预测，有理有据。 促使学生思考问题更加全面。 用实验验证自己的预测。 落实方程式的书写。 验证预测。

续表

环节	教师活动	学生活动	设计意图
环节 2：预测并验证铝的化合物的性质	告诉学生氢氧化钠与氢氧化铝反应生成了可溶的偏铝酸钠。 回到二维图，氢氧化铝与强碱反应已经不是碱的性质。 【问题 3】那氢氧化铝会不会是酸呢？如果是酸肯定不和酸反应，试一试。 氢氧化铝既不是碱也不是酸，为新的类别——两性氢氧化物。 展示学生手抄报中关于氢氧化铝的用途： ①胃药； ②耐火材料。 【问题 4】联系前面学过的氢氧化铝的性质以及铝的性质，预测氧化铝的性质，并提出预测的依据。	学生活动 2：学生动手做实验（氢氧化钠与氢氧化铝反应），学生汇报实验现象、结论，书写方程式。 学生活动 3：氢氧化铝与酸反应的实验。汇报实验现象、得出结论。 修正二维图。 思考、回答问题。 书写方程式，重新给氧化铝归类。	落实方程式的书写。 感受两性氢氧化物的碱性不强，所以可以做胃药。 引出氧化铝。
环节 3：在二维图中建立铝及其化合物之间的相互转化关系	学习了氢氧化铝是两性氢氧化物、氧化铝是两性氧化物，它们都可以与酸和碱反应。利用本节课所学过的反应完成铝的化合物之间的相互转化。 补全二维图，加上铝的部分。	学生完成补全二维图的任务。 汇报总结。	学会使用二维图。

3.2.2 教学建议

学生对元素化合物的学习，普遍感觉是内容繁多、零散，记忆起来较困难。在课改之后，教材中所涉及的物质的种类减少了，对学生的要求不再是记忆多少物质的性质，而是从什么角度去认识物质的性质，如物质分类的角度、氧化还原的角度。这些角度都可以帮助学生掌握学习元素化合物的方法，是教师授给学生的"渔"，让学生即使遇到陌生的物质也不会手足无措，而是有迹可循，让学生能够自己提出假设，通过多种方式(如查找资料、设计实验)验证假设。要想实现这一目标，就需要在每一堂课的教学中渗透这些方法，天长日久，学生才可能真正掌握这些方法，让化学的学习能够在学生日后的生活中体现出它的价值，让将来不管是否从事与化学相关工作的学生都能够用到在化学课堂中学到的本领。"铝的重要化合物"这一节的内容只是元素化合物教学中很小的一部分，但是如果我们在每一节元素化合物的教学中都能够从体现元素化合物教学的社会价值和科学价值出发，让学生感受元素化合物知识在社会生活中的重要作用，感受科学探究在研究物质性质时的魅力，熟悉科学探究的一般方法，元素化合物教学的课堂将会更加吸引学生。学生掌握了方法之后，就能够从繁杂、零散的知识记忆中解放出来。

具体到本节课而言，笔者认为有以下亮点。

①借助二维图直接研究物质的化学性质，不用创设复杂的情境，开门见山，对于基础不是很好的学生来说更易于接受。

②在这节课中有几个问题问得比较好，能够启发学生自己寻找出答案。"氢氧化铝为什么会消失？是什么让氢氧化铝消失了？"有学生预测是氢氧化钠，可又觉得不太可能，于是让学生在滴加氨水生成氢氧化铝的试管中再滴加氢氧化钠溶液，结果沉淀真的消失了，学生都很惊奇，这时学习的兴趣瞬间就提起来了。接着提出："回到二维图，我们发现氢氧化铝的分类不对，能够与碱反应，肯定不会是碱，那氢氧化铝会不会是酸呢？如果是酸，肯定不能与酸反应，试试吧。"结果学生通过实验发现氢氧化铝也能够与酸反应，这时便会产生思维冲突——既能与酸反应又能与碱反应，这算是哪一类物质呢？这时再提出两性氢氧化物的概念就会变得顺理成章。在学习氧化铝的时候，对于两性氧化物这一类别，学生就能自己说出来了。

本节课的遗憾如下。

①给了学生较多探究、做实验的时间，落实化学方程式的时间比较少，本节课的方程式又比较多，学生对方程式掌握得不太好，需要课后再花时间落实。因为学生真正理解了铝的重要化合物的性质，落实起来比原来容易得多。

②这节课主要从物质分类的角度学习铝的化合物的性质，当需要用到一类物质的通性时，才发现学生对氧化物、酸、碱、盐的性质掌握得并不好，主要是因

为初中只学习典型物质的性质，没有总结过一类物质的通性。初高中的衔接工作在以后的教学中需要加强。

4 研究的结论与反思

①学习铝的化合物时初步建立、学会使用二维图很有必要。铝及其重要化合物重点发展二维图中学生对物质类别维度的认识。

二维图是学生学习纷繁复杂的元素及其化合物知识的一种工具。二维图既能够将铝的元素家族有序组织起来，同时还能在其中实现物质的有规律的转化。从铝的重要化合物的学习中我们需要意识到，二维图这种学生认识物质性质和转化的方式是逐步形成的。这种"逐步"有两个含义，一是二维图最终要成为学生的学习方法因而需要在教学各个环节中逐步地进行凸显，不能将之知识化。这主要体现在核心提问环节，需要让学生自主运用到物质类别和氧化还原这两个认识角度，而不仅仅将之用在总结环节。二是教师需要有意识地建立高中化学不同元素及其化合物之间基于二维图认识的关系，以铝为例，主要发展的是物质类别这一认识角度。之后铁的重要化合物的学习则需要在氧化还原维度上有重要的发展，以此为基础来考虑其他元素，让二维图在学生学习过程中动态生长。总之，掌握物质分类和氧化还原的两个视角非常有用，可以为之后铁的化合物的学习及非金属元素化合物的学习打下良好的基础。也正是因为铝的化合物的学习主要是从物质类别的角度入手，相对简单，学生更容易接受，更容易学会使用二维图。

②在进行物质性质的学习时，需要帮助学生建立完整的提出猜想—设计实验—得出结论的性质探究思路。

这一思路，也是学生学习元素及其化合物性质的主要思路。本节课无论是铝盐的性质、氢氧化铝的性质还是氧化铝的性质的学习都是从这一角度出发的，如图 3-2 所示。

③改变学生学习元素及其化合物的方式，首先要求学生真正参与到课堂的学习活动中来，充分调动学生思考，将学生的思路外显。

将学生的思路外显出来，可以在教学过程中及时发现学生的问题，及时调整教学方案，帮助学生将学习元素及其化合物的思路固化下来，在学生学习其他的元素及其化合物时，有工具可以利用，实现主动思考、主动学习。如在本次课

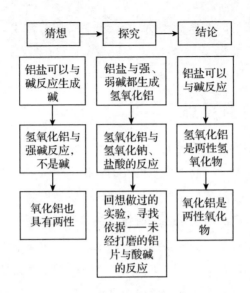

图 3-2 学生学习铝的化合物的性质的主要思路

中，分别通过在课前利用手抄报、课中学生自己设计并进行实验调动学生的参与度，然后通过不断追问学生分析预测物质性质的依据，得出结论这些环节来外显学生的思路。

④通过研究学生的学习方式，不断地改进教学设计和实施方案，提高课堂的时效性。

只有不断地改进教学方案，使其更加贴近学生，从而带动学生学习方式的改变，才能促使学生在掌握铝的化合物相关知识的同时，掌握学习元素及其化合物的一般方法，学会预测元素及其化合物性质的角度和思路，让学生从记忆繁多、复杂的化学方程式中解放出来。

教师若想改变学生的学习方式，首先要改变自己的教学方式。让学生的思路在课堂上外显，只有这样才能帮助学生厘清思路，发现学生在思考问题中出现的问题。每一次设计、实施、访谈，都能从中发现教学中的问题，不断地进行改进，既能让学生受益，对教师自身而言也是一个不断提高、不断成长的过程。

但是有时候教学设计并不能一步达到预期，学生的真实反应和教师预先的设计会有差异，这时就需要教师不断思考，发现问题，寻找解决问题的途径。在不断地发现问题、解决问题的过程中，教师和学生的能力都在不断地提高。

⑤新的问题与下一步计划。

铝的化合物的认识角度相对比较单一，主要集中在类别维度，而在化合物价态这个维度上相对缺失，所以在后面铁的化合物的学习中，需要帮助学生继续完善二维图这种思考方法。

（本章作者：丁红霞

高端备课指导专家：支瑶

研究生助理：李琳）

第4章 "二氧化硫的性质"教学行动研究报告

1 问题的提出

1.1 不同版本教材"二氧化硫的性质"处理存在差异

（1）内容编排方式

人教版采用分散编排的方式，遵循物质分类的思路来建构教材的体系，凸显类比的学习方法。人教版是从氧化物、酸、盐来讲解。

苏教版采用集中编排的方式，遵循物质分类的思路来建构教材的体系，凸显类比的学习方法。按照生产、生活应用线索，先从自然界中的硫，再到二氧化硫和硫酸，最后是各物质间的转化。

鲁科版采用集中编排的方式，遵循应用及工业生产的思路来建构教材的体系，凸显逻辑的思维方式。先从自然界中的硫，再到二氧化硫和硫酸，最后是酸雨的防治。

（2）具体内容的选取和组织

①内容选取分析。

三个版本教材都有硫单质、二氧化硫、硫酸等重要的含硫物质。鲁科版内容较全，选取二氧化硫、硫酸和硫，主要重视硫酸的制取和应用，对于硫化铁的生产、二氧化硫和硫化氢的反应在正文处有着重说明。人教版更重视反应这部分知识。鲁科版最符合课标，课标提到的反应基本都有。而人教版和苏教版没有提到硫化氢的知识。

②内容组织分析。

知识线索：人教版主要按照二氧化硫的物理性质、化学性质和酸雨的顺序来讲解；苏教版按照酸雨、漂白性、化学反应的顺序来讲解；鲁科版是按照化学性质、酸雨的顺序来讲解。从知识维度上来看，人教版的知识最全。

素材线索：人教版从空气质量报告引入，然后到二氧化硫的反应，最后到酸雨，按照硫、氧化物、硫酸盐的顺序来讲；苏教版从火山中提取硫引入，然后再讲二氧化硫的性质，最后又回到二氧化硫的应用，走的是 STS(科学·技术·社会)线；鲁科版主要通过氧化还原反应来讲二氧化硫的性质。

活动线索：人教版更重视演示实验和资料卡片；苏教版更重视交流与讨论，即重视学生自己的思考；鲁科版更重视观察·实验、交流·研讨这种应用性栏目。

1.2　教学困惑

硫的化合物中学阶段涉及比较多。硫元素及其化合物是非金属元素化合物知识的重要组成部分。在此之前，学生已经初步具有了研究物质性质的方法和程序的知识、氧化还原反应、其他元素及其化合物的相关知识，对于研究物质性质的方法和程序已有一定的基础，并且能够进行简单的实验探究活动。对于二氧化硫性质的教学，如果只是简单地将二氧化硫的物理性质、化学性质呈现出来，让学生以分组实验的方式完成知识的学习，这在教学处理上并没有什么难度，学生的水平也完全可以实现，知识落实层面上也没有什么问题，但是知识点的简单灌输会让学生感觉有些杂乱无章，如何去记忆大量的化学方程式更是问题。因此在教学中要选择一条清晰的线索，将所有的内容贯穿到一起，先给学生清晰的知识，再联系生活，提高学生解决问题的能力。

此外在实验探究的处理上，二氧化硫的特性如何引出才能让整个教学过程显得更流畅，二氧化硫的用途在哪个环节落实更合适，这些都是需要解决的问题。

1.3　学生学习情况调查

在正式讲之前我们对石油分校高一(5)班的 38 名学生进行了关于"二氧化硫的性质"前测(问卷见附录)。通过问卷分析我们发现学生关于"二氧化硫的来源"的认知过于片面，大部分学生知道空气中的二氧化硫来自煤的燃烧、工业污染及汽车尾气，但有少部分学生对于此表示不知道或只有非常少的学生知道火山喷发时会产生硫单质和二氧化硫气体，具体表现见表 4-1。

表 4-1　学生关于"二氧化硫的来源"的认识前测数据表

燃烧	工业污染	汽车尾气	火山爆发	酸雨	不知道	排放	污水
52.60%	18.40%	15.80%	5.30%	2.60%	7.90%	0	5.20%

学生对"二氧化硫的性质"的认识多集中在"硫和氧气燃烧生成二氧化硫"上，分析的依据是生产和生活的经验，如工业生产或汽车尾气中"煤、汽油等含硫物质燃烧"。大部分学生缺乏二氧化硫转化的视角，极少数学生能够从氧化还原角度认识硫元素及其化合物的转化，对于"自然界中二氧化硫的来龙去脉"缺乏系统的思考。

总体来说，学生对于二氧化硫的性质了解甚少，对于二氧化硫的来源大多数认为是从硫的燃烧而来的，而对于火山爆发会产生硫单质和二氧化硫以及工业污染的内容了解不多；虽然学生具备了基本的实验操作能力和观察分析能力，但是学生实践机会太少，不会进行精致化的实践，不擅长解决生活问题。

2　研究的理论依据

2.1　核心概念的界定及主要观点阐述

2.1.1　硫及其化合物的功能价值

硫及其化合物是非金属元素的重要组成部分。硫及其化合物的学习都以硫的价态转化为线索，硫元素不是很活泼的非金属，但是其化合价多变，且跨度较大，从 -2 价的 CS_2、H_2S 等硫化物，0 价的硫单质，$+4$ 价的 SO_2、H_2SO_3、亚硫酸盐，到 $+6$ 价的 SO_3、H_2SO_4、硫酸盐。不难发现，比起其他元素，硫的化合物中出现了氢化物、不同价态的含氧酸（H_2SO_3 和 H_2SO_4），这是对学生从物质分类角度认识物质的发展，其多价态之间的相互转化以及自身发生的氧化还原反应则是对学生氧化还原认识角度的发展。

教材中具体涉及的反应和实验如表 4-2、表 4-3 所示。

表 4-2　教材中出现的硫及其化合物的化学反应方程式及物质转化

化学反应方程式
$S+O_2 \xrightarrow{\text{点燃}} SO_2$
$2SO_2+O_2 \underset{\text{加热}}{\overset{\text{催化剂}}{\rightleftharpoons}} 2SO_3$ $SO_2+H_2O \rightleftharpoons H_2SO_3$ $SO_3+H_2O \Longrightarrow H_2SO_4$ $SO_3+Ca(OH)_2 \Longrightarrow CaSO_4+H_2O$
$2H_2S+SO_2 = 3S\downarrow+2H_2O$

表 4-3　硫及其化合物在三个版本教材中的实验

探究实验			演示实验		
人教版	鲁科版	苏教版	人教版	鲁科版	苏教版
无	不同价态硫之间的转化。	无	1. 验证二氧化硫的漂白性； 2. 浓硫酸与铜的反应。	硫单质的性质。	1. 二氧化硫的性质实验； 2. 浓硫酸的性质实验。

2.1.2　硫及其化合物的认识模型

硫及其化合物的认识模型如图 4-1 所示。

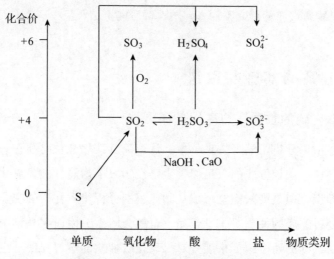

图 4-1　硫及其化合物的认识模型图

2.2　二氧化硫性质的教学研究综述

关于二氧化硫性质的课例研究主要有以下几种。

①以实验探究为主的教学设计：初中学习过硫在空气中的燃烧实验，该实验中集气瓶下面要放水，思考其原因，进而探究二氧化硫的化学性质。

②基于物质转换分析的教学设计：主要为自然界中的含硫物质是如何转化到不同价态硫元素的，再基于转化关系认识物质性质。

③情境化的教学设计：情境化包括酸雨、食品安全问题（如银耳漂白、干红葡萄酒中含有二氧化硫）。

④引发认知冲突的教学设计：通过二氧化硫在葡萄酒中的应用与学生熟知的二氧化硫有毒引发认知冲突，通过探究二氧化硫在葡萄酒中的化学变化，学习二氧化硫的性质。

已有的高端备课研究案例中有回民中学的"由具体物质扩展到单一价态元素性质认识"，该案例从宏观现象"为什么在集气瓶底部放少量 NaOH 溶液"的解释出发，从酸性氧化物和价态两个方面预测"二氧化硫的性质"，然后进一步实验探究"＋4 价硫的性质"。中关村中学的案例则是基于"元素转化观"，"从元素到物质"进行性质转化分析的课例，从认识"硫元素的不同价态"出发，预测"不同价态的理论转化"，到"实现不同价态含硫物质的实验室转化"逐步展开。

已有课例或素材的运用不能贯穿始终，或对认识物质性质转化的二维模型运用不充分，或对物质性质的探究不深入，本课例研究正是希望在这些方面有所突破。

3 行动方案的实施与改进

3.1 "二氧化硫的性质"的高端备课历程

通过问卷结果分析，笔者发现学生在认识硫及其化合物时存在一些问题。一是指向二维图这一认识方式的。虽然学生已经学习了物质分类、氧化还原反应和离子反应的知识，但是尚未完全形成从物质类别分析物质性质的视角，而从氧化还原的视角分析物质的性质对于学生而言也较为陌生。因而在教学中以二维图为主线，利用二维图的两个维度来展开对二氧化硫性质的学习，使学生形成从二维图的两个维度预测和分析物质性质的一般思路和方法。二是关于实验的处理。平时学生参与探究实验的机会不多，本次备课笔者希望能够给学生亲自动手实验的机会，希望在整个教学过程中以小组讨论、实验探究的形式完成，发挥学生的主动性。三是对于二氧化硫这种对环境会产生污染的物质，要将有害物质转化为无害物质，以及如何转化为无害物质等内容，学生存在一定的认知空白，同时也存在一定的迷思，因此本课打算选取二氧化硫的污染问题作为情境，让学生学会将物质的性质应用到实际生活中，解决生活中的问题。

3.1.1 备课研讨阶段

教学目标见表 4-4。

表 4-4 备课研讨和试讲的教学目标

备课研讨的教学目标 0	试讲的教学目标 1
知识与技能： ①了解硫元素在自然界中的转化，举例说明含硫元素的物质及其在自然界的存在形式。 ②了解可逆反应的特点。 ③了解硫及其氧化物的主要性质，能书写相关的化学反应方程式；认识硫及其氧化物之间的转化关系；认识其在生产上的应用和对环境的影响。 ④能够运用氧化还原反应的知识分析相关的反应，加深学生对二氧化硫氧化性和还原性的理解。	知识与技能： ①了解硫元素在自然界中的转化，举例说明含硫元素的物质及其在自然界的存在形式和转化关系。 ②认识可逆反应。 ③了解硫及其氧化物的主要性质，能书写相关的化学反应方程式；认识硫及其氧化物之间的转化关系；认识其在生产上的应用和对环境的影响。 ④能够运用氧化还原反应的知识分析相关的反应，加深学生对二氧化硫氧化性和还原性的理解。
过程与方法： ①能运用相关硫的氧化物的知识分析简单的环境问题。 ②通过实验探究、小组讨论等多种活动，帮助学生进一步掌握学习物质及其化学性质的一般方法，提高自主学习、合作学习和探究学习的能力。 ③引导学生将学过的非金属单质和氧化物的主要化学性质进行归纳整理，对同类物质的性质从整体上认识，应用分类的方法去学习物质及其化学性质。	过程与方法： ①能运用相关硫的氧化物的知识分析简单的环境问题。 ②通过实验探究、小组讨论等多种活动，帮助学生进一步形成学习物质及其化学性质的一般思路和方法，提高自主学习、合作学习和探究学习的能力。帮助学生形成探究物质性质的思路和方法：预测—设计方案—实施实验—解释和论证结论。 ③培养学生依据物质分类的思想对非金属单质和氧化物的主要化学性质进行归纳和整理的能力。培养学生依据氧化还原的原理认识和探究物质性质的能力。 ④培养学生形成从物质分类和氧化还原两个角度对物质性质进行分析解释和推论预测的能力。

续表

备课研讨的教学目标 0	试讲的教学目标 1
情感、态度与价值观： 通过对硫的氧化物知识的学习，引导学生从正、反两个方面认识硫的氧化物给人类带来的贡献与危害，培养学生辩证、全面分析问题的方法和态度。	情感、态度与价值观： 通过对物质性质的实验探究，引导学生形成认识与实践是相互作用的学习观。

学生的学情见表 4-5。

表 4-5　备课研讨阶段学生的学情

学生的学情			转变策略
起点	障碍点	终点	
二氧化硫中硫元素处于中间价态，既有氧化性又有还原性。	如何选择试剂来验证二氧化硫的氧化性和还原性。	用实验验证二氧化硫的氧化性和还原性。	给出一系列试剂，从化合价升降的角度来分析，小组讨论、分析、进行实验。
二氧化硫会引起环境污染。	如何转变观念。	二氧化硫对人类也是有有益的方面的。	二氧化硫的用途，将有害物质转化为无害物质。

教学设计见表 4-6。

表 4-6　备课研讨阶段的教学设计

教学设计 0	教学设计 1
引入：给出二氧化硫用途的图片，从二氧化硫的用途引入。	从二氧化硫的来源引入，贴近生活，将二氧化硫的用途放到研究二氧化硫还原性时落实，从而可以引出二氧化硫的特性。
实验探究 1：二氧化硫的溶解性。 引出二氧化硫与水的反应，从二氧化硫属于酸性氧化物的角度分析二氧化硫还具有哪些性质。 实验探究 2：二氧化硫的还原性。 给出试剂，通过小组讨论，完成实验。	二氧化硫到哪里去了？二氧化硫是如何转化为酸雨的？ 学生分组讨论，给出猜想：一是从化合价的角度形成三氧化硫，二是从物质分类的角度形成亚硫酸。 分别用实验验证二氧化硫作为酸性氧化物的性质和二氧化硫的还原性。
二氧化硫的特性： 通过提问引出：我们研究了二氧化硫作为酸性氧化物应该具有的通性，又从化合价的角度讨论了二氧化硫的氧化性和还原性。那么二氧化硫能漂白纸张等体现了它怎样的性质呢？	【设问】我们一直在讨论二氧化硫能形成酸雨从而给人类带来危害，并且希望去除它的影响，将其转化为对环境无害的物质，那么二氧化硫就一无是处了吗？ 从利用二氧化硫的还原性产生三氧化硫引出工业制硫酸，给出二氧化硫用途的图片，引出特性。

现在反思来看，第一次的教学设计修改主要体现在以下几个方面。一是明确了二氧化硫的性质这节课的"过程与方法"目标，即"培养学生形成从物质分类和氧化还原两个角度对物质性质进行分析解释和推论预测的能力"需要明确成为方法目标并在课中进行实现，同时"帮助学生形成探究物质性质的思路和方法：预测—设计方案—解释和论证结论"也需要着重体现。二是梳理了教学环节的逻辑顺序问题。最初的教学设计从应用情境进入，但之后走了知识推进的线索，从物理性质到化学性质，并且化学性质中二氧化硫的氧化性尚未得以体现。改进后从整体上将外显线索定位于二氧化硫相关的环境问题的发现和解决，即形成完整的情境线索。这样做的好处是知识的推进也集中在二氧化硫的化学性质上，并逐层递进。经过这样的教学过程，本节课就落实了自然界中二氧化硫的来龙去脉问题，同时也进一步强调了二维图的应用价值，即可以用二维图解决实际问题。

备课研讨中还提到，在二氧化硫的实际应用中，二氧化硫的检测是一个很重要的问题。曾考虑若时间来得及，还可以有一个远迁移应用的活动 4，如分析二氧化硫在葡萄酒中究竟起什么作用，分析目前的二氧化硫检测手段(电化学法以及碘量法等)运用的原理。这些活动的核心是进一步发展定量化的认识，及如何定量检测二氧化硫，目标是真正解决实际问题。这一点在几轮实施中未能实现。

3.1.2 试讲阶段

学生的学情见表 4-7。

表 4-7　试讲阶段学生的学情

学生的学情			转变策略
起点	障碍点	终点	
研究物质的性质可以从物质分类和氧化还原两个角度入手。	如何建立和应用二维图？	用二维图的两个维度去探究物质性质，建立二维图并应用二维图解决实际问题。	从学生熟知的物质入手，建立二维图，在教学过程中，始终以二维图的两个维度去探究物质的性质，让学生深刻领会如何应用这两个维度解决实际问题。

教学设计见表 4-8。

表 4-8　试讲与正式讲时的教学设计

试讲时教学设计中的教学环节 1	正式讲时教学设计中的教学环节 2
给出资料卡片，学生自己建立二维图。	从学生熟知的物质入手，带领学生建立二维图。
环节 1：二氧化硫从哪里来？ 　讨论社会生活中二氧化硫的来源和自然界中二氧化硫的来源问题。学生活动是关于二氧化硫从哪里来的交流讨论。此处落实硫元素的各种存在形式。	环节 1：二氧化硫从哪里来？ 　学生活动：观看自然界和生产、生活中二氧化硫的来源图片。 　落实：将硫及其化合物准确标注在二维图中。
环节 2：酸雨是怎么形成的？ 　学生自主探究，即关于酸雨如何产生的预测和验证。首先是提出关于二氧化硫产生酸雨的假设及依据（探查学生已有认识角度），然后是学生设计实验方案验证假设。关于二氧化硫的催化氧化，含两个子问题：①二氧化硫为什么有还原性（预测：化合价的角度）；②如何验证其还原性（突破基于氧化还原认识物质性质的思维）。	环节 2：二氧化硫到哪里去——酸雨。 　猜想二氧化硫形成酸雨的原理，说明依据并用实验验证。 　解释和论证结论。 　探究 1：二氧化硫的还原性。 　小结 1。 　探究 2：二氧化硫与水的反应。 　小结 2。
环节 3：如何转化二氧化硫？ 　即环境问题的解决。学生活动是交流讨论和设计实验方案落实二氧化硫的类别通性和氧化性。	环节 3：二氧化硫到哪里去——其他转化。 　基于二维图设计二氧化硫的无污染转化。 　小结 3。 　环节 4：二氧化硫的其他用途（漂白性等）。 　总结。

　　试讲阶段主要解决了二维图的运用、五线索并进以及实验精致化处理的问题。就二维图的运用而言，在每一个教学环节中都运用二维图；就五线索并进而言，主要体现在每一次阶段性小结以及整节课的总结上。如探究完二氧化硫的还原性之后，需要从以下方面进行小结："①我们通过实验验证了二氧化硫具有还原性——知识线索；②在自然界中二氧化硫是被空气中的氧气氧化，该反应很难进行，需要有飘尘等物质才可以发生从而形成酸雨，这是酸雨形成的一种路径——问题线索和情境素材线索；③通过实验我们还发现我们学会了设计实验探究物质的还原性。探究物质还原性的思路为——确定目标物，找到中心元素，分析中心元素化合价可能的变化（化合价可以升高说明该物质有还原性），然后需要选择氧化剂与之反应，该氧化剂的中心元素化合价能够下降。若需要实验验证，最好反应现象明显——活动线索；④通过实验我们还认识到，预测未知物质性质

的一个重要角度是氧化还原——认识发展线索。"整节课结束前的总结是："本节课在解决自然界和生产、生活中二氧化硫来龙去脉的情境下，认识了二氧化硫的物理性质、氧化性、还原性和酸性氧化物的通性，以及漂白性。更重要的是，我们认识了学习物质性质的两个重要维度：物质类别和氧化还原，以之为依据，通过提出问题、猜想假设、设计实验方案、实施实验、解释与结论来对物质性质进行了完整探究。"就实验的精致化处理而言，一是规范了实验探究的步骤：①写实验报告；②汇报实验报告(PPT 上呈现实验报告)；③实施实验(PPT 上提示操作注意事项)；④交流总结。二是将学生学案中的探究实验报告由原来的"实验方案、实验现象、解释及结论"规范为表 4-9 所示。

表 4-9　探究实验报告

实验目的			
装置和试剂：			
选取的试剂	选取试剂的理由	实验现象	解释与结论

试讲过程中暴露出的学生问题是基于物质类别认识物质性质时，物质通性有些遗忘，同时不能深刻认识到初中化学八圈图中类别通性的转化本质其实也是与化合价的变和不变紧密相关的。基于氧化还原认识物质性质时，学生欠缺一定的分析思路。面对一个陌生物质，很难快速定位其中的关键元素。确定元素化合价后，对化合价升高或是降低有一定疑虑。确定化合价变化方向(如升高)时，较难快速定位其性质是还原性还是氧化性，然后就容易混淆应该选氧化剂还是还原剂。此外，关于所选试剂中心元素化合价的对应变化又会感到疑惑，对于接下来如何预测现象，再去说明物质的氧化性或还原性感到非常困难。一是难在分析路径比较长，二是难在易混淆。

3.1.3　正式讲阶段

正式讲的五线索如图 4-2 所示。

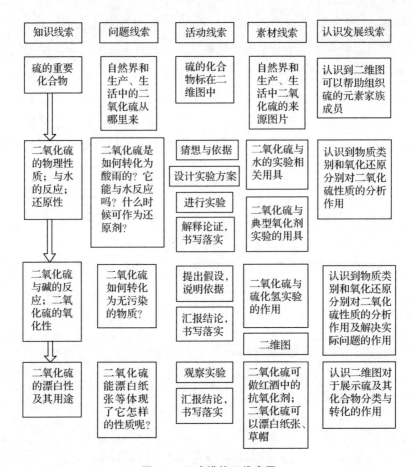

图 4-2 正式讲的五线索图

正式讲后我们对学生进行了后测（见附录），发现学生主要在以下方面有所收获（表 4-10）。

表 4-10 正式讲后学生的收获

空答	7.9%
二氧化硫的知识	73.7%
二维图角度研究物质性质	26.3%
二氧化硫的来龙去脉以及应用	34.2%
对探究实验体验深刻	84.2%

我们发现学生关于探究性实验的收获最多，其次是关于二氧化硫的知识。比较而言，基于二维图认识物质性质尚未完全成为学生的思维方式，但这一点较之前测已有明显发展。

3.2 "二氧化硫的性质"正式教学

3.2.1 教学设计

正式教学的教学设计见表 4-11。

表 4-11 正式教学的教学设计

授课内容	二氧化硫的性质
指导思想与理论依据	

硫及其化合物的主要性质之一在于氧化性和还原性，而不同价态的硫元素间的转化正好能够体现各种含硫物质的氧化性和还原性。二氧化硫是本章的一个重点内容，无论是火山爆发、酸雨环境问题还是工业制硫酸，都是不同含硫物质之间的相互转化，都是氧化还原问题。

在化学学习中，对于学生知识体系的构建，重点不是教师的传授，而是学生自己的思考、小组的交流、讨论，用实验探究的方式来验证。在物质性质的研究中，发挥集体的作用，通过小组交流来提升个体，共同进步。

教材分析及学习者分析

1. 二氧化硫的性质在教材中的地位

本节课选自必修 1 模块第四章第三节，本节教学内容是在学习了碳及其化合物和氧化还原反应的基础上，来继续学习"硫和氮的氧化物"，也为学习硫酸、硝酸和选修 1《化学与生活》第四章第一节改善大气质量做准备。

本节内容是本章的重点，有着承前启后的作用，通过对本节的学习，有助于形成以化合价为主线的硫及其化合物的知识网络，使整章知识系统化。二氧化硫是集氧化性、还原性于一身的酸性氧化物，可巩固和提高对氧化还原反应知识的认识。本节内容与日常生活、环境问题有密切关系，能培养学生的环保意识和社会责任感。

2. 学生的认识发展分析

在前面关于金属及其化合物的学习中，学生已经初步领会了物质的分类、氧化还原反应和离子反应等知识，具备了基本的实验操作能力和观察分析能力。本节课的教学，希望学生了解依据物质分类、核心元素化合价两个角度研究物质性质的方法，并将性质应用到实际生活、生产中，解决生活、生产中的问题。

3. 学生认识障碍点分析

①探究二氧化硫还原性和氧化性，学生在试剂的选择上存在困难。

②从物质类别角度分析物质的性质有困难。

③学生对如何将二氧化硫转化为无毒无害的物质，解决其带来的环境问题存在困难。

教学目标

知识与技能：

① 了解硫元素在自然界中的转化，举例说明含硫元素的物质及其在自然界的存在形式和转化关系。

② 了解可逆反应的特点，认识可逆反应。

③ 了解硫及其氧化物的主要性质，能书写相关的化学方程式；认识硫及其氧化物之间的转化关系；认识其在生产上的应用和对环境的影响。

续表

教学目标			

④ 能够运用氧化还原反应的知识分析物质性质，加深学生对二氧化硫氧化性和还原性的理解。

过程与方法：

① 能运用相关的硫的氧化物的知识分析简单的环境问题。

② 通过实验探究、小组讨论等多种活动，帮助学生进一步形成学习物质及其化学性质的一般思路和方法。帮助学生形成探究物质性质的思路和方法：预测—设计方案—解释和论证结论。

③ 引导学生将学过的非金属单质及其氧化物的主要化学性质进行归纳整理，对同类物质的性质从整体上认识，应用分类的方法去学习物质及其化学性质——培养学生依据物质分类的思想对非金属单质及其氧化物的主要化学性质进行归纳整理的能力；培养学生依据氧化还原的原理认识和探究物质性质的能力。

④ 培养学生形成从物质分类和氧化还原两个角度对物质性质进行分析解释和推论预测的能力。

情感、态度与价值观：

通过对硫的氧化物知识的学习，引导学生从正、反两个方面认识硫的氧化物给人类带来的贡献与危害，培养学生辩证、全面分析问题的方法和态度。

通过对物质性质的实验探究，引导学生形成认识与实践是双螺旋作用的学习观。

教学重点和难点			

教学重点：

从物质类别和化合价两个角度探究二氧化硫的酸性氧化物通性、二氧化硫的还原性、二氧化硫的漂白性。

教学难点：

从物质类别和化合价两个角度探究二氧化硫的酸性氧化物通性、二氧化硫的还原性。

教学过程			
教学环节	教师活动	学生活动	设计意图
二氧化硫从哪里来？	【引入】前些天的雾霾大家仍记忆犹新，空气污染指数爆表，除了PM2.5和PM10这些固体颗粒物含量居高不下，空气中还有哪些污染物呢？ 展示图片：空气质量监测图。 【提问】那么自然界和生产、生活中的这些二氧化硫究竟是从哪里来的呢？ 活动1：二氧化硫从哪里来？ 【图片展示】自然界和生产、生活中二氧化硫的来源图片展示。 【讲解】从二氧化硫的来源分析，我们知道，大部分二氧化硫都是因为含硫物质的燃烧产生的。 将讲解二氧化硫来源中涉及的物质(硫、二氧化硫、硫酸)按照二维图中的位置展示出来，引导学生建立二维图。	通过教师的讲述和图片展示，感受二氧化硫给人类带来的危害，环境面临巨大压力。 回答。 综合已有的知识建立二维图，将硫及其化合物准确标注在二维图中。	体会自然与化学的关系，使学生了解二氧化硫给人类带来的不利影响。 全面了解二氧化硫的来源。 对硫及其化合物有初步了解，建立二维图。

教学环节	教师活动	学生活动	设计意图
二氧化硫到哪里去——酸雨	【讲述】我们知道了二氧化硫是从哪里来的,那么空气中的二氧化硫最终到哪里去了呢? 活动 2:二氧化硫到哪里去? 初中我们就学习过,二氧化硫的一个很大的危害就是形成酸雨,雨水之所以具有酸性是因为含硫酸和硝酸,自然界和生产、生活中排出的二氧化硫是如何变成硫酸的呢? 【提问】二氧化硫是如何转化成酸雨的? 请你猜想二氧化硫转化为酸雨的原理,并请说明你做出这样猜想的依据。 【讲述】同学们给出了两种猜想:猜想 1 是从化合价的角度形成三氧化硫,猜想 2 是从物质分类的角度形成亚硫酸。 【提问】请同学们设计实验证明猜想 1,用你的实验现象来解释和论证结论。在学案上写出你的实验报告单。 【探究 1】二氧化硫的还原性。 备选试剂:酸性 $KMnO_4$ 溶液、溴水、氢氧化钠溶液、酚酞溶液等。 展示二氧化硫气体实物。 【提问】你能根据观察说出二氧化硫的物理性质吗?	分组讨论、回答。 酸雨。 思考,回答。 分组讨论,设计实验方案。 进行实验,记录现象,分析、解释结论。	探究二氧化硫的还原性及二氧化硫与水的反应。 通过实验探究、小组讨论等多种活动,帮助学生进一步掌握学习物质及其化学性质的一般方法,提高自主学习、合作学习和探究学习的能力。

实验报告单:

实验目的			
装置和试剂			
选取的试剂	选取试剂的理由	实验现象	解释与结论

教学环节	教师活动	学生活动	设计意图
二氧化硫到哪里去——酸雨	【小结】 1. 我们通过实验验证了二氧化硫具有还原性（知识线索），那么对你认识自然界中二氧化硫转化为酸雨的启示是什么？ 2. 在自然界中二氧化硫是被空气中的氧气氧化，该反应在有飘尘等催化剂的存在下可以发生，从而形成酸雨，这是酸雨形成的一种路径（问题线索和情境素材线索）。 3. 通过实验我们还认识到，预测未知物质的性质的一个重要角度是氧化还原（认识发展线）。 4. 通过实验我们还发现我们学会了设计实验探究物质的还原性，请你说明探究物质还原性的思路：确定目标物，找出中心元素的化合价，分析化合价可能的变化，化合价可以升高说明该物质有还原性，然后需要选择氧化剂与之反应，该氧化剂的中心元素化合价能够下降。若需要实验验证，最好反应现象明显（活动线索）。 那么刚才同学们讨论的猜想2，即二氧化硫是否能够与水发生反应呢？ 【探究2】二氧化硫与水反应。 课前在矿泉水瓶中收集好二氧化硫，并收集好若干试管二氧化硫，用橡胶塞塞好，准备烧杯、注射器、蒸馏水、石蕊试液、酚酞试液等供学生选择。	分组讨论，设计实验方案。 分组实验，记录现象，分析、解释结论。	

实验目的		
装置和试剂		
选取的试剂 / 选取试剂的理由	实验现象	解释与结论

教学环节	教师活动	学生活动	设计意图
二氧化硫到哪里去——酸雨	【小结】 1. 通过实验验证了二氧化硫易溶于水，和水发生反应，得到相应的酸，即亚硫酸。说明二氧化硫具有酸性氧化物的通性，过程中化合价不发生变化（知识线索）。 2. 从二氧化硫与水的反应我们知道二氧化硫属于酸性氧化物，这个反应在常温下就很容易发生，在自然界中这也是形成酸雨的主要途径。 3. 通过实验我们还认识到，预测未知物质性质的一个重要角度是类别通性（认识发展线）。 4. 亚硫酸是弱酸，不稳定，会分解为二氧化硫和水，正反应和逆反应同时发生，像这样的反应叫作可逆反应。	写出二氧化硫与水反应的方程式。	让学生理解可逆反应。
二氧化硫到哪里去——其他转化	【提问】我们知道了二氧化硫能形成酸雨，但是空气中的二氧化硫如果都形成酸雨了，无疑会对环境带来巨大的影响。你能从已有的知识出发，设计二氧化硫其他可能的转化路线吗？二氧化硫还能到哪里去？请说明你的设计依据和设计方案。 从物质分类和化合价两个角度分析二氧化硫的转化，在二维图中实现转化。 强调二氧化硫的还原性。 【小结】 1. 二氧化硫的性质——还原性、氧化性、酸性氧化物通性。 2. 利用二维图可以研究物质的性质和转化。	分组讨论，回答。	从物质分类和化合价两个角度讨论二氧化硫的转化，巩固研究物质性质的方法。
二氧化硫的漂白性	【设问】我们一直在讨论二氧化硫能形成酸雨，给人类带来危害，并且希望去除它的影响，将其转化为对环境无害的物质，那么二氧化硫就一无是处了吗？	总结二氧化硫的用途。	研究物质的性质除了物质类别和化合价的角度，还要讨论物质的特性。

教学环节	教师活动	学生活动	设计意图
二氧化硫的漂白性	刚刚我们说二氧化硫生成三氧化硫的反应在自然界中很困难，但并不是说这个反应不能发生，事实上这是工业制硫酸的主要反应。 除了制硫酸，二氧化硫还有很多用途。 图片展示，讲解： 二氧化硫可做红酒中的抗氧化剂； 二氧化硫可以漂白纸张、草帽。 【提问】 我们研究了二氧化硫作为酸性氧化物应该具有的通性，又从化合价的角度讨论了二氧化硫的氧化性和还原性，那么二氧化硫能漂白纸张等体现了它怎样的性质呢？ 【探究3】二氧化硫的漂白性。	思考，讨论二氧化硫特有的性质。 分组实验，验证二氧化硫的漂白性。	研究二氧化硫的特性及用途。
小结	本节课在解决自然界和生产、生活中二氧化硫来龙去脉的情境下，认识了二氧化硫的物理性质，以及氧化性、还原性和酸性氧化物的通性，还有漂白性。更重要的是我们认识了学习物质性质的两个重要维度——物质类别和氧化还原，以之为依据，通过提出问题、猜想假设、设计实验方案、实施实验、解释与结论来对物质性质进行了完整探究。	学生梳理研究物质性质的方法。	巩固提高。

板书设计

二氧化硫的性质

一、物理性质
二、化学性质

3.2.2　教学建议

对本节课而言，笔者认为有以下的亮点和不足。

(1)亮点

①整节课以二氧化硫从哪里来、到哪里去为情境线，以学生熟知的雾霾和酸雨为切入点，展开讨论，问题来源于生活，并以此解决生活中的问题，以此情境线贯穿始终，教学中学生更容易接受，激发了学生探究问题的兴趣。

②在二氧化硫性质的学习中采用的是实验探究、小组讨论的方式，所有的实验方案都经过小组内的充分讨论形成，整个过程中不仅体现了分工协作的重要性，也帮助学生进一步形成学习物质及其化学性质的一般思路和方法，帮助学生掌握探究物质性质的方法：预测—设计方案—实施实验—解释和论证结论。

③引导学生将学过的非金属单质和氧化物的主要化学性质进行归纳整理，对同类物质的性质从整体上认识，应用分类的方法去学习物质及其化学性质，培养学生依据物质分类的思想对非金属单质和氧化物的主要化学性质进行归纳整理的能力，培养学生依据氧化还原的原理认识和探究物质性质的能力。

④授课过程中以二维图为主线贯穿始终，从物质类别和化合价两个角度分析未知物质的性质，培养学生形成从物质分类和氧化还原两个角度对物质性质进行分析解释和推论预测的能力，为元素化合物的复习课奠定了基础。

⑤在情境线索的贯穿下，提出问题并进行研究活动，最后落实知识，授课中情境线索、问题线索、活动线索、知识线索环环相扣，将二氧化硫的性质完整地呈现。以二氧化硫从哪里来、到哪里去为情境线，同时将生活中熟知的雾霾和酸雨贯穿其中，利用大家熟悉的现象引出概念，直观形象，上升为具体的理论后，又用理论去指导实践。

⑥整个授课过程中注意联系生活，不管是引出问题的雾霾，还是提升问题的酸雨，抑或是最终引出二氧化硫特性的设计等全部来源于生活，将二氧化硫的危害转化为正面的用途，来源于生活又造福人类。通过学习，学生更深切地体会到化学与生活的联系，激发了学习兴趣。

(2)不足

①整个课程的知识点太过密集，虽然带领学生一起建立二维图，比学生自己建立节省时间，但是后续实验探究过程耗时太长，导致二氧化硫的氧化性的探究

不是很充分。

②本课程以二氧化硫从哪里来、到哪里去为主线，虽然贴近生活，但由于时间关系，并未将如何防治二氧化硫带来的环境问题展开，略显得不够完整。

4 研究的结论与反思

4.1 收获、经验

本次指向二维图认识模型构建的"二氧化硫的性质"高端备课课例行动研究带给了笔者如下的收获。

4.1.1 对"二氧化硫的性质"这节课的教学本身有收获

二氧化硫的教学不能仅停留在知识层面，要充分扩充课堂线索，做到知识线索、问题线索、活动线索、认识发展线索、素材线索并进。

实验探究活动给学生留下较深刻的印象，同时也帮助学生对知识有更全面、更深刻的理解，所以，教师应充分做好实验探究活动的准备工作，以较新颖的形式或仪器激发学生的探究兴趣，同时注重开发学生的探究意识和探究思路，注重落实以实验报告形式进行展示，帮助学生完整展示。

加强二维图的教学，在学习二氧化硫的性质时，二维图不应该仅停留在"建立"水平，应该走向应用水平，学生通过课堂学习，掌握探究二氧化硫性质的思路和能力，同时将这种能力迁移到其他化合物的学习中。

学生从氧化还原角度可以更好地学习二氧化硫的性质。学生认识氧化还原的基本思路如下：确定目标物，找到核心元素，确定核心元素化合价，分析核心元素可能的化合价，预设核心元素化合价可能的变化；选择相应试剂，找到试剂中的核心元素，确定该核心元素化合价，分析核心元素可能的化合价，预设核心元素化合价可能的变化；分析某产物中核心元素可能的化合价，确定核心元素化合价，预设产物，将之与目标物建立氧化还原的关联。分析其他产物，配平氧化还原反应的方程式。

4.1.2 对进行教学设计和实施涉及的各要素和系统有新的认识

本次研究性教学设计与实施让笔者进一步认识了教学设计的一般要素，一是教学设计的学情分析、教学目标、教学重难点、教学环节需要具有一致性。即当笔者在学生的认识障碍点中提出"探究二氧化硫还原性和氧化性，学生在试剂的选择上存在困难"时，必须将学生基于氧化还原分析物质性质作为一个过程方法性的教学目标，同时需要在教学环节中给学生提供机会暴露其利用氧化还原分析物质性质时方法或思路上存在的问题，并运用科学的教学语言在课堂中加以外显，最好是落实到阶段小结中。二是教学设计的环节之间需要有逻辑，即环节之间的关系应该是线索化的，而不是完全无关或者进行无意义关联。这种逻辑应该能符合学生的认识发展的路径，这种符合需要建立在知识、问题、活动、情境等要素横向相互关联对应上，同时纵向上这些要素也能形成线索。三是关于实验的处理有了新的认识。首先，教师应该尽可能地创设机会让学生更多地参与实验，这可能需要教师具备实验创新的能力。（本次课例研究中，关于二氧化硫和水反应的实验我们经过了多次改良，从简单的试管实验换成用矿泉水瓶收集二氧化硫气体，操作中发现打开矿泉水瓶倒入水的过程中同样会产生污染，因此进一步改成用注射器在矿泉水瓶盖上注入水，既解决污染问题，又保证实验有明显现象。）其次，笔者对物质性质探究的一般思路有了新的认识，以前理解探究实验是比较机械地按照八要素来理解，通过本次课例研究认识到，探究必须有值得探究的点，学生应该能自主在这一点上提出假设，进而自主设计方案、进行实验验证，最后还应该能够完整地进行解释论证，这样才算完成一个完整的探究实验。在此过程中，学生实际操作只是很少的一部分，重要的是在各个环节引发学生思考、讨论，帮助学生梳理表达。

4.2 新的问题与下一步计划

①考虑到整个授课过程中知识点密度大，时间过于紧张，可以将二氧化硫与水的反应和二氧化硫的还原性整合起来，让学生讨论完毕后一起实验，为后续学习二氧化硫的去除和用途节约时间。

②在讲解完如何去除二氧化硫后，将二氧化硫的去除方法与酸雨的防治相关联，使得情境线更加完整，也使得学生认识到化学来源于生活，并能够解决生活中的问题。

附录：

"二氧化硫的性质"前测

1. 你能说出几种含硫元素的物质？你知道这些含硫元素的物质具有哪些性质？依据是什么？

含硫物质	可能具有的性质	依据

2. 请你举例说明生活中二氧化硫从哪里来，到哪里去，并分析其中的化学原理。

二氧化硫的来源举例	其中的化学原理
二氧化硫的去向举例	其中的化学原理

3. 请尽可能多地写出你认为能将硫元素从＋4价转化为＋6价的化学反应，原料任选。

4. 请你预测二氧化硫（SO_2）具有什么化学性质（即 SO_2 能与哪些物质发生化学反应），写下你的依据。

"二氧化硫的性质"后测

1. 学完本课时"二氧化硫的性质",你感觉自己最大的收获有哪些?

2. 通过学习,你认识到二氧化硫具有哪些性质?(把你已知的尽可能写全面)写下你的依据。

3. 在本课时的学习中,你印象最深刻的是哪一个教学情境(包括信息资料、化学实验或其他情境素材)?请写出你印象最深刻的原因。

4. 请尽可能多地写出你认为能将铁元素从+2价转化为+3价的化学反应。

5. 氯元素(Cl)具有多种价态,如-1价、0价、+1价、+3价、+5价、+7价等。如果要探究氯气的氧化性或还原性,你打算选择什么试剂?请说明分析思路。

氯气的性质	选择的试剂

分析思路:

（本章作者：孙翠霞

高端备课指导专家：黄鸣春

研究生助理：姚梦娟 王佳）

第5章 "生活中常见的有机物——乙醇"
教学行动研究报告

1 问题的提出

1.1 不同版本教材中"乙醇"内容部分的差异

关于乙醇的相关知识在高中教材必修 2 和选修(《有机化学基础》)都有涉及，因此笔者针对 3 个版本教材(人教版、鲁科版、苏教版)的必修和选修部分进行分析。

必修阶段：3 个版本教材都按照官能团由简单到复杂进行编排，以烃为基础引出烃的衍生物醇，在醇的基础上再引出酸，但是烃—醇—酸的引入过程是不同的；苏教版由 3 种代表性的烃的叙述引出醇，人教版和鲁科版都是由两种代表性的烃引出醇，相比较而言，苏教版更加详细(图 5-1)。

选修阶段：3 个版本教材都是按照卤代烃—醇—酚的顺序编排，人教版将卤代烃和醇酚放在不同的两章，卤代烃在第二章，醇酚在第三章；鲁科版和苏教版将醇酚和卤代烃放在烃的衍生物这一章或一个专题，相比之下，人教版的分类更加详细。

人教版和苏教版将卤代烃作为单独一节介绍，其中人教版编写卤代烃选取溴乙烷讲述卤代烃的性质等内容，苏教版编写卤代烃没有选取代表物，按照定义、应用、取代反应、消去反应进行介绍；鲁科版没有将卤代烃作为单独的一节，而是将其编在有机反应类型这一节，利用反应类型介绍卤代烃的相关内容，更加有利于学生对有机物相关性质的理解(图 5-2)。

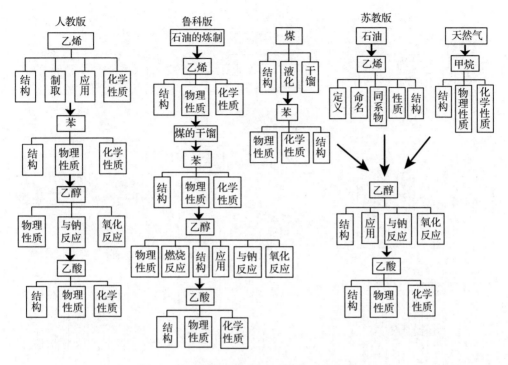

图 5-1 乙醇内容在必修教科书中的组织结构

1.2 教学困惑

以往对"乙醇"的教学都是按照教材顺序从用途引入，介绍乙醇的物理性质，接着通过实验推出乙醇的结构，或提供数据通过学生计算推之，然后再借助实验学习乙醇的化学性质，最后小结。这样的教学思路对于学生来说缺乏吸引力，不能激发学生的创造力。学生只是机械地记住某些有机物重要的物理性质、化学性质，抓不到学习有机化合物的方法和思路。随着学习的深入，有机物种类的增多，学生的记忆容易出现偏差、混乱，原本抱有"无机没学好，有机来翻身"想法的学生，就会对有机化学的学习产生畏惧心理，进而对有机化学的学习产生抵触情绪。学生的认知一旦发生改变就会明显地表现在课堂上，为教师的教学带来很大的困扰。笔者在 2012 年接手新高一教学后，就一直致力于解决这一问题，希望通过高端备课改变教师的教学方式，从而帮助学生转变对有机化学学习的认知。

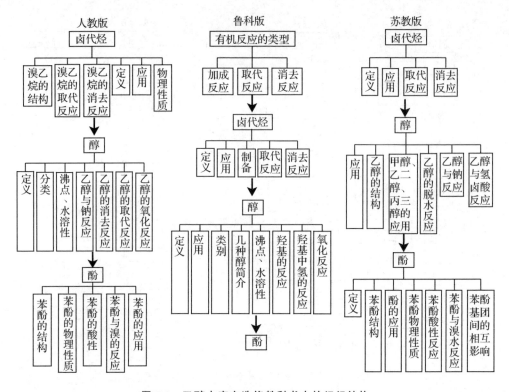

图 5-2　乙醇内容在选修教科书中的组织结构

1.3　学生学习情况调查

为了更好地了解学生对有机化学的学习状况，笔者利用高端备课团队提供的样卷对授课班级的学生进行了前测和后测。表 5-1 到表 5-3 是关于高一（2）班的前测情况。

表 5-1　统计内容

知识	乙醇化学性质：与钠反应、燃烧、催化氧化
	乙醇用途：做饮料、燃料、溶剂
	乙醇结构：分子式、结构式、羟基、价键
思路方法	用途体现性质，结构解释性质，实验深入认识性质
情感态度	对化学不感兴趣
	态度不明显
	化学实用有趣

表 5-2　前测内容

1. 你已经学习了甲烷、乙烯、苯等有机化合物,对研究有机化合物性质的方法和思路有了一定的认识。请说说面对一种新的有机化合物(如乙醇),你将如何研究它的性质?
2. 通过对前面有机化合物性质的学习,你对有机化学的感受是什么?
3. 在前面的有机化学方面的学习中,你遇到了什么困难或者问题?
4. 酒非常有用,在熬汤过程中可适当加入,以使汤中融入更多的营养物质。有的酒放置时间长了会变酸。摄入过多的酒精对人体有害。有人建议用醋解酒,但有的人说醋只有炒菜时使菜变香的作用,不能解酒。请你运用所学化学知识对上述这段话进行全方位的解读,揭示其中的化学道理。
5. 你对乙醇有哪些认识?你想研究关于它的哪些问题?

表 5-3　数据分析(总人数 36 人)

项目	知识					思路方法			情感态度(化学实用有趣)
	化学性质			用途	结构	用途体现性质	结构解释性质	实验深入认识性质	
	与钠反应	燃烧	催化氧化						
人数	8	8	5	15	7	1	17	33	9
百分比	22.2%	22.2%	13.9%	41.7%	19.4%	2.8%	47.2%	91.7%	25.0%

从数据统计可以看出,学生对乙醇的认识主要来自生活常识及初中的课本知识。关于有机物的学习方法,学生通过前期学习烃类化合物知道结构决定性质的观点,但不清楚如何应用。学生对化学实验很感兴趣,但没有通过实验更深入认识有机物性质的意识。觉得学习化学知识有用的人很少,甚至还有很少的学生对化学学习不感兴趣。因此,本部分内容教学设计的定位是:让学生对有机物有一个感性的认识,初步建立结构决定性质的基本学科思想,但不要求学生用结构决定性质的思想去分析研究有机化合物。利用三个角度学习有机化合物的性质:第一,通过有机物的用途去学习其性质;第二,通过实验去深入认识其性质;第三,通过结构去解释其性质,但第三个角度不是必修模块的重点。

2　研究的理论依据

2.1　学习乙醇的学科价值

乙醇是一种重要的烃类衍生物,是联系烃和烃类衍生物的桥梁。

乙醇的学习首次引入了结构决定性质的理念。官能团概念的出现,为后续学习复杂的烃类衍生物奠定基础。

通过乙醇的学习，体验和了解学习有机物的一般过程和方法，体会到有机学习和无机学习的不同，开启化学学习的新视角。

2.2 有机物学习的认识模型

新课程改革使高中有机化学知识分成必修和选修两部分。对于人教版教材，必修 2 中有两部分，选修 5 中有五部分。有机化学的学习要求学生真正理解有机化学的知识特点，深入理解常见有机物的结构、性质、用途，培养学习有机化学的逻辑思维方式和学习能力。我们在教学过程中发现学生在学习有机化学时学习方式和认识方式上存在以下几个问题：①有机物种类多、内容多，学习时容易混淆、遗忘；②学生在学习有机化学时沿用无机化学的学习方法，导致效率低；③有机物的学习要求很强的逻辑思维能力和空间立体想象能力，学生学起来会很吃力；④学生上课能听懂，但课下思考时效率低，没有有效的有机化学学习的思维方法和学习方法。

基于以上几点，教师在进行教学设计时，要考虑学生的学习方式和认识方式。本节课在进行教学设计时，首先定位备课的核心思想：初学有机化学，建立思路方法，为有机模块打基础；其次注意从学生的生活经验出发，创设情境，引发学生的学习兴趣；

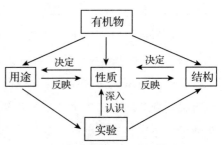

图 5-3 有机物学习的认识模型图

最后在教学过程中始终贯穿学习有机化学的思维方法，使初次接触有机化学的学生有据可依。为此，建立了有机物学习的认识模型(图 5-3)。

本节课学习的有机物是乙醇。学生对乙醇的认知源于其在生活中的用途，课上利用这些用途让学生发现乙醇的物理性质、化学性质，并通过现象明显的化学实验来加深学生对乙醇性质的认识。乙醇之所以具有这些化学性质，可以通过它的分子结构进行解释，使学生对乙醇的学习具有一定的思维方

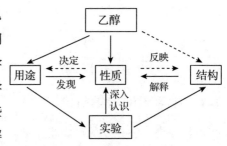

图 5-4 乙醇的认识模型图

法，形成乙醇的认识模型(图 5-4)。

以学生为主体的教学设计，改变了学生的学习方式和认识方式，解决了学生学习有机化学的困惑，也培养了学生宏观辨识与微观探析的学科素养。

2.3 "生活中常见的有机物——乙醇"教学的研究综述

对已有的文献进行综述，本文主要关注了对于"生活中常见的有机物——乙醇"教学的三个方面。

一是关于教学设计的理念。

何彩霞在《关注学生认知发展的化学教学——以"乙醇"为例》中提到，作为高中有机化学基础知识的开端，必修 2 模块选取与生活联系密切的典型有机物逐一展开学习。由于教学是分别针对某一具体有机物进行的，并且这些有机物的主要性质、典型反应及结构特点等内容有着明显的差异，这些知识间的内在联系不易被发现或容易被忽视。学生在学习时往往会感觉这些知识是孤立零散的。随着所学知识的增加，学生难以建立对"有机物结构与性质"的整体而深入的认识。为此，帮助学生逐渐和连贯地形成较为系统的知识结构和认识思路就显得尤为重要。本文以必修 2"乙醇"的教学为例展开探讨。

二是关于运用信息技术进行乙醇的教学及实施。

吴亚男在《"互联网＋"背景下的高中化学人文教育——以高中〈化学 2〉"乙醇"教学为例》中指出，在进行"乙醇"的教学设计时，许多教师会以与"酒"相关的诗词作为教学的开场白，而在课程的最后再以诗词的方式总结乙醇的性质，以此体现化学课程的人文内涵，实际上这是对化学课程中人文内涵的误解。吴亚男认为，我国"酒文化"虽与本节内容密切关联，但需找准切入点，体现化学学科背景下的人文内涵而不是牵强附会。本节内容应从学生已有的生活经验出发，借助互联网工具，创设"生活中的乙醇"这一情境，从而引发"乙醇的结构—乙醇的性质—乙醇的用途"这一线索，并使学生对"物质的用途能够体现其性质，性质又能够反映物质结构"有更深入的认识，将宏观世界与微观结构结合起来，体现从微观角度研究宏观世界这一化学学科的特点。

三是关于乙醇教学的实验探究。

化学是一门以实验为基础的学科。因此，学习化学离不开实验。丰富多彩的化学实验可以帮助学生更好地理解抽象、复杂的化学原理。"乙醇"这节课的实验比较多，但有些现象不是很明显，因此，实验改进方面的研究应运而生。尚广斗和范聪慧在《巧用"弯形具支试管"改进乙醇催化氧化的实验》中，提出对乙醇催化氧化的实验通常采用的方法是，将弯成螺旋状的铜丝放在酒精灯上加热，使铜丝生成一薄层黑色的氧化铜后，趁热插入盛有乙醇的试管中。这样反复操作几次后，通过让学生感知铜丝表面颜色"受热变黑，插入变红"的交替变化以及闻生成物的气味，说明有了新物质的生成。但是，实际实验中由于生成的氧化铜很少，导致乙醛的生成量也很少，又与大量的乙醇相混合，这样很难闻到乙醛的气味，实验的说服力差。如果采用弯形具支试管做反应器进行实验，则能很好地达到实验目的。

3　行动方案的实施与改进

3.1　"生活中常见的有机物——乙醇"的高端备课改进历程

第一阶段：备课研讨，见表 5-4。

表 5-4　备课研讨

教学设计	研讨后定位
设计理念： 　乙醇是生活中经常接触到的烃的衍生物，又有官能团，它的断键情况比较多，也比较复杂，想让学生从结构角度真正地认识乙醇的性质有一定难度，因此想借助曹居东先生讲的断键理论进行设计。 　设计思路 1 　环节 1：由乙烯引入。乙烯是重要的化工产品，工业上是由石油来制备的，实验室是怎么制备的？ 　环节 2：利用球棍模型探讨乙醇的结构。借助选修 5 红外光谱谱图、核磁共振氢谱谱图，确定乙醇的分子结构。 　环节 3：乙醇分子中有碳氢键、碳氧键、氢氧键、碳碳键，讨论哪些键能够断开，断开后生成什么物质，分析后利用实验验证。 　环节 4：解释人们酒喝多了为什么容易中毒，即乙醇的催化氧化。	通过备课研讨笔者发现，处于必修阶段的学生在知识储备、思维水平方面差异很大。他们对极性键和非极性键没有认识。开始就让他们讨论乙醇的断键情况，对学生的难度是很大的。这样教学的结果就是学生又回到机械记忆：哪儿能断键，哪儿能反应，无法引起他们对有机化学的学习兴趣。必修模块有机化学的教学要求只是让学生对有机化合物有一个感性认识，初步建立结构决定性质的学科思想，但不从"结构决定性质"的角度去分析、研究具体的有机物。因此，乙醇的教学设计就不再是从微观断键、成键的角度展开，而是从学生熟知的日常生活中乙醇的用途展开，从用途认识性质，然后用结构解释性质，

教学设计	研讨后定位
设计思路 2 第 1 课时从断键的角度,分析、预测醇和酸的性质。第 2 课时通过学生分组实验验证乙醇和乙酸的性质,结合生活实际介绍它们的用途。	最后从实验深入认识性质。这种设计把结构、性质、用途三大块有机地结合起来,适用于有机化合物的学习,也改变了学生的学习方式和认识方式。

第二阶段:试讲研讨,见表 5-5。

表 5-5 试讲研讨

教学设计	学生访谈	研讨后调整
环节 1:寻找乙醇在生活中应用的实例,认识乙醇在生活中的用途,了解其物理性质。 环节 2:深入认识乙醇的性质。 1. 有的人"千杯万盏也不醉",有的人则"沉醉不知归路,熟睡不解残酒"。以此情境设问,让学生学习乙醇的催化氧化。 2. 利用乙醇与酸性高锰酸钾溶液的反应解释交警查酒驾的原理。 3. 通过乙醇钠引出乙醇的结构,并用动画演示乙醇和钠反应的微观变化。 环节 3:总结有机物的学习模型。	生 1:我觉得通过这两节课学习了研究物质的方法,这个对以后的学习应该挺有帮助的。就是先看这种物质在生活中的用途,然后知道它有什么性质,再用结构看它的实质,最后用实验进行验证。 师:接下来想让大家给这两节课提提建议,你们希望老师在哪些方面再改进呢? 生 1:多做点实验吧,大家应该都对实验比较感兴趣。 课后对学生进行了访谈。学生明确表示整节课学下来感觉轻松,觉得有机化学的学习没有那么难。学到了有机化合物的学习方法,遇到陌生的有机物也知道该如何去研究。设计的实验学生很感兴趣,提升了他们学习有机化学的兴趣。	1. 本节课最主要的是三条线:第一条是物质的性质线,教学设计中有充分体现。第二条是方法线,在教学中每个环节是怎么样让学生来认识性质的,途径是什么,要进行阐述分析,要把思路方法线外显,而且要加以小结。第三条是结构解释性质线,这是必修学习有机化学的核心思路和方法,也为后续选修 5 的学习打下基础。在教学中可以用球棍模型及动画演示加强学生理解,如乙醇和钠的反应机理等。 2. 学案的设计改为左侧是生活中的应用或事实,右侧体现乙醇的性质。实验处留白,便于学生记录实验现象。 3. 乙醇结构的引出:可以从乙醇与钠反应实质的分析入手,通过观察化学键——碳氢键、碳氧键、氧氢键发现反应的活泼位置是氧氢键,这个基团是比较活跃的,称为官能团(羟基),顺着这个思路引出乙醇的结构,进而引出分子式和结构式。 4. 实验中设计的问题要围绕着本节课的目的展开,要注意学生在描述实验现象时生成的新问题,如乙醇的催化氧化实验,学生发现烧热的铜丝放在乙醇里乙醇就沸腾了。这说明了乙醇的性质——沸点低,所以实验时要注意握住试管上部。

第三阶段：正式讲阶段，见表 5-6。

表 5-6 正式讲阶段

教学设计	学生访谈	研讨后再改进
环节 1：借助乙醇的模型，了解乙醇的结构。 环节 2：寻找生活（或生产中）乙醇的用途，从中了解乙醇的性质。 环节 3：借助化学实验深刻体会乙醇的化学性质，并利用结构进行解释。 环节 4：小结有机物的学习模式。	师：你能具体说说都学到了什么知识吗？ 生 2：这节课就是讲生活中常见的有机物，即乙醇和乙酸，两位老师分别用了一些实验把性质描述出来了，把化学方程式写在黑板上了，把研究有机物的思路和体系都教给我们了，挺好的，以后肯定会用到这些方面的知识的。 师：那就是说原来怎么去研究有机物你不知道，是吗？ 生 2：老师算是给我们提供了一个比较新的思路吧，以前主要是传授做题这些方面的东西，今天老师算是提供了一些新的思路，算是打开了新的视野。 生 1：今天教给我们一些学习方法，比如今天就用了学案的方法，平时都是老师在黑板上写我们记笔记。 生 3：平时不怎么做实验，今天老师把所有实验都做了一遍，我觉得比较好玩儿，平时老师只是放段视频。 生 4：我觉得这节课小组的团队协作比较多，讨论的东西比较多，而以前都是自己想。这样效果比较好，有些问题也不是老师讲了同学自己就能解决的。 通过学生访谈发现，实验多，吸引了学生注意力，增强了学习兴趣。以往传授做题技巧多，本节课教给了学生研究有机物的思路和体系，以后遇到陌生物质可以用得上。学案的使用有助于加深学习印象。小组的团队协作比较多，同学之间交流讨论可以促进学习。	1. 实验和学生活动的整合。本节课的实验及学生活动安排比较零散，完成一个就汇报既会占用较多课堂时间，也使得课堂松散、不紧凑。后续教学可以把实验及活动集中，给学生一个完整、大块的时间，充分发挥学生的主动性。 2. 结构、反应方程式给出的时机。如乙醇氧化成乙醛的方程式，可以在实验后把实验现象、结构、化学方程式有机地结合起来进行分析，让学生觉得有机化学的学习不是死记硬背，也体现了结构决定性质的思想。 3. 课堂上要给学生留有充分的思考、讨论、交流的时间，教师要精练地讲授。

3.2 "生活中常见的有机物——乙醇"正式讲

3.2.1 教学设计与实施

教学设计与实施如图 5-5 所示。

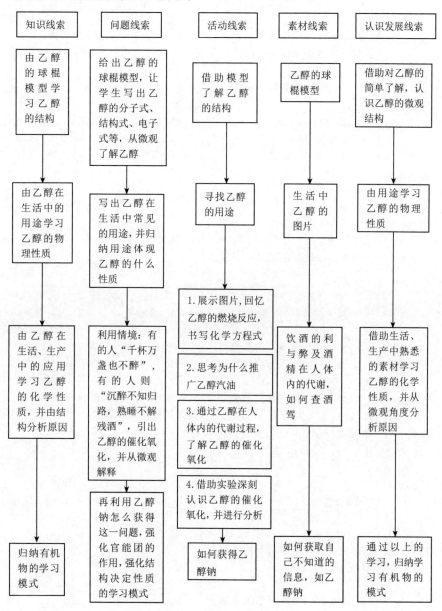

图 5-5 教学设计与实施

教学过程见表 5-7。

表 5-7 教学过程

环节	教师活动	学生活动	教学意图
环节 1：借助乙醇的模型，了解乙醇的结构。	【活动 1】借助模型了解乙醇的结构。 投影出乙醇的球棍模型、比例模型，让学生根据模型写出乙醇的分子式、结构式、结构简式、电子式。充分理解碳 4 价、氧 2 价、氢 1 价。	学生根据模型在学案上书写、讨论，请一位学生到黑板上板书。	让学生通过模型了解乙醇的结构。
环节 2：寻找生活（或生产）中乙醇的用途，从中了解乙醇的性质。	【活动 2】寻找乙醇的用途。 1. 让学生在学案上写出乙醇在生活（或生产）中的用途。 2. 这些用途反映了乙醇的哪些性质呢？请对照用途写出乙醇的相应性质。 3. 实验：你用什么方法能清理干净年级写通知的白板？这种方法体现了乙醇的什么性质？ 4. 小结学习模式。	分别写出乙醇的用途并相互交流，从中归纳乙醇的性质。	从熟悉的生活事实了解乙醇的性质。
环节 3：借助化学实验深刻体会乙醇的化学性质，并利用结构进行解释。	【活动 3】通过用途体会性质。 1. 展示图片回忆乙醇的燃烧反应，书写化学方程式。 2. 思考为什么推广乙醇汽油。 3. 通过乙醇在人体内的代谢过程，了解乙醇的催化氧化。 4. 借助实验深刻认识乙醇的催化氧化，并进行分析。 5. 借助实验认识乙醇与强氧化剂的反应，并了解交警检查酒驾的方法。 结论：乙醇能够发生氧化反应，在不同的条件下被氧化的产物不同。	1. 学生通过实验深入认识乙醇的氧化反应、与钠的反应。 2. 借助实验培养学生规范操作实验、认真观察实验的能力。 3. 通过结构分析乙醇具有这些性质的原因。	利用实验让学生深刻认知乙醇的化学性质，通过结构分析具有这些性质的原因。

环节	教师活动	学生活动	教学意图
环节 3：借助化学实验深刻体会乙醇的化学性质，并利用结构进行解释。	6. 学习模式 【活动 4】如何获得乙醇钠？ 1. 思考： $C_2H_5OH \xrightarrow{\text{？}} C_2H_5ONa$ 2. 学生实验：乙醇与钠的反应，并记录现象，写出反应方程式。 3. 通过结构分析乙醇与钠反应的原因。 $C_2H_5\text{—O—H}$ —OH：羟基 官能团：决定有机物的化学特性的原子或原子团。		
环节 4：小结有机物的学习模式。			初步形成"（组成）结构—性质—用途"的有机物学习模式。

以高一（2）班的后测样本为例来分析教学效果（表 5-8 至表 5-10）。

表 5-8　统计内容

知识	①化学性质：与钠反应、燃烧、催化氧化
	②用途：做饮料、燃料、溶剂
	③结构：分子式、结构式、羟基、价键
思路方法	用途体现性质，结构解释性质，实验深入认识性质
情感态度	对化学不感兴趣
	态度不明显
	化学实用有趣

表 5-9　后测内容表

后测内容
1. 通过学习你对乙醇有了哪些新认识？
2. 酒非常有用，在熬汤过程中可适当加入，以使汤中融入更多的营养物质。有的酒放置时间长了会变酸。人体摄入过多的酒精很有害。有人建议用醋解酒，但有的人说醋只有炒菜时使菜变香的作用，不能解酒。 请你运用所学化学知识对上述这段话进行全面的解读，揭示其中的化学道理。
3. 学完乙醇后，你觉得最大的收获和体会是什么？
4. 通过对前面有机化合物性质的学习，你对有机化学的感受是什么？
5. 对于乳酸，你打算如何研究它的性质？请你尽可能详细地阐述研究思路。

表 5-10　数据分析(总人数 36 人)

项目	知识					思路方法			情感态度(化学实用有趣)
	化学性质			用途	结构	用途体现性质	结构解释性质	实验深入认识性质	
	与钠反应	燃烧	催化氧化						
人数	8	3	18	19	13	28	21	26	33
占比	22.2%	8.3%	50.0%	52.8%	36.1%	77.8%	58.3%	72.2%	91.7%

从数据统计可以看出，学生通过本节课的学习有了以下三个方面的改变。第一，在知识层面，对乙醇的化学性质有了一定的认识，增加了对催化氧化这一性质的了解；对于乙醇的用途、结构，通过本节课的学习相比前测了解得更多、更全面。第二，在思路方法层面，学生认可了本节课给出的学习有机物的认识模

型：从用途入手学习有机物的性质，通过实验深入地认识其性质，再用结构解释其为什么具有这个性质。掌握了认识模型，遇到陌生的有机物学生也可以自己独立进行学习，解决实际问题。第三，在情感态度层面，学生认为化学实用有趣的百分比由 25％猛增到 91.7％，这是本节课最大的收获，这说明本节课的教学目标定位准确，设计的环节激发了学生学习有机化学的兴趣。

3.2.2　教学建议

对于本次课程备课的点滴感悟：以往进行教学设计时，总是先通读教材，然后查阅教参了解本章和本节的功能、地位、课时安排，进而确立教学目标，教学重、难点，最后书写教学过程，并在其中加入一些生产、生活中的应用，这样写出的一份教学设计自我感觉还是很不错的。但是这样忽略了一点，也是最重要的一点：教是以学作为前提的，学生学是整个教学工作的核心，如果不考虑学生的需要、学生的知识形成过程，再好的教学设计也是有不足的。

第一轮教学设计的思路是借助曹居东先生讲授的有机化学断键原理，想让学生从化学键的角度认识乙醇的化学性质。其中还设计了学生活动：利用球棍模型让学生拼插乙醇的结构，然后进行断键学习。但北师大的胡久华老师提出了两个问题："你认为必修 2 的有机化学应该要求学生掌握到什么程度？选修 5 的有机化学又要求学生掌握到什么程度？"这两个问题当时让笔者清醒地意识到这两个阶段的有机化学对学生的要求是不一样的。教学是帮助学生形成知识，而不是拔苗助长，也不是包办代替。意识到教学设计的地位出现了偏差，笔者马上进行了调整。第二轮教学设想是通过必修 2 的有机化学学习激发学生的兴趣，让他们认识典型代表物的化学性质、典型的有机反应类型，而不是研究化学键是怎么断裂的。这样定位后乙醇的教学就从学生熟知的日常生活入手引出其化学性质。为此，设计的学生活动是：让学生们分组上网或去超市收集乙醇在生活中的用途，然后对这些用途进行分类。再次和胡老师交流，她又问了笔者两个问题："你这样设计的目的是什么？想让学生从中获得什么？"这两个问题又点醒了笔者，学生对乙醇在生活中的用途是非常熟悉的，没有必要安排这个活动，用途分类对后续学习及学生对乙醇化学性质的认识没有帮助。就这样不断去设想、碰撞、修改、再设想，笔者从中受益匪浅。

但本次教学中也存在一些遗憾：①本节课开始从结构入手了解乙醇让学生很

难进入学习情境，虽然在生活中很熟悉乙醇，但对它的结构式、结构简式、电子式依然很陌生。这样开始激发不了学生的学习热情，也影响了进度。这些内容安排在书写反应方程式时再出现，学生就有需求，自己就会去了解、掌握，进入就很容易。②本节课另一个需要改进的地方就是整合问题，可以给出问题，让学生一起讨论，这样既省时间又可以完成进度。③实验的设计也可以变成提供一系列实验内容，让学生在一整块时间内完成操作，记录实验现象，交流讨论。这样安排既增强了学生自主学习的热情，也节省了课堂教学的时间。

4　研究的结论与反思

笔者第一次参加北师大的高端备课，对高端备课的流程、理念并不是很清楚，只是本着不再重复以往陈旧的教学模式，希望通过改变课堂的教学模式提升学生学习兴趣的初衷参加进来。通过三次集体备课、研讨，笔者对必修 2 乙醇的教学以及以后的教学有了深刻的认识，同时也明确了好的教学设计可以帮助学生转变固有的学习方式，可以激发学生的学习兴趣。那么，如何才能设计出一节好课呢？

4.1　教学目标定位准确

要想准备一节好课，首先要确立教学目标，这是指导本节课的核心思想。目标的确立需要教师熟悉每一个模块的课程标准、考纲要求，以及模块与模块间的关联。例如，必修 2 的有机化学教学只是让学生对有机物有一个感性的认识，能从用途学习性质，利用实验深入认识性质，初步建立结构决定性质的学科思想，但不去解释为什么。选修 5 则要求学生能从官能团角度解释有机物为什么有此性质，知道反应从哪儿断键，在哪儿形成新键。只有明晰了每一个阶段的教学目标，教师才能有的放矢地进行教学，才能帮助学生摒弃旧的学习方式，形成化学学科的思维模型。

4.2　学生情况把握准确

要想准备一节好课，其次要充分地了解学生状况，如学生已有知识、对所学知识的认识障碍点、学生的学习方式等。

4.3 教学设计围绕学生

要想准备一节好课,还要注意教学设计应以学生为主体,要通过教师的教学设计帮助学生改变已有的学习方式及认识方式,让他们掌握学习思路与方法。如本节课的设计就是从学生熟知的日常生活中乙醇的用途展开,从用途认识性质,然后用结构解释性质,最后从实验深入认识性质。这种设计把结构、性质、用途有机地结合起来,适合有机化合物的学习。

4.4 问题活动进行整合

要想准备一节好课,在设计问题或活动时应进行整合,给学生留有充分的思考、交流、活动的时间,不要让教师代替学生去思考。这一环节可以让学生先做实验(乙醇的催化氧化及与酸性高锰酸钾溶液的反应),然后汇报解释实验现象,并解释原因,这样既给了学生充足的时间实验、思考、交流,培养学生彼此间的合作学习,又节约了时间,使课堂紧凑、不松散。

4.5 增加课堂学生实验

要想准备一节好课,应在有限的课堂教学时间内设计安全、简单、易操作的学生实验,让学生通过自己的观察、分析、讨论进行学习。从本节课的前后测及学生访谈中都显示了学生对化学实验的热爱。的确,化学是一门以实验为基础的学科,离开了实验怎么能学好化学呢?因此,在课堂上应多让学生动手以促进学生学习方式的转变。

(本章作者:刘军

高端备课专家:胡久华

研究生助理:王启园)

第 6 章 "乙酸"教学行动研究报告

1 问题的提出

1.1 不同版本教材乙酸的内容差异

高中化学新课标教材为学生提供多样化的学习模块,关于乙酸的相关知识在高中教材的必修和选修中都有涉及,因此我们针对 3 个版本教材的选修和必修部分进行分析。

就内容选取来说,在必修 2 中,乙酸的结构 3 个版本教材都有叙述且所包含的内容大致是相同的。在物理性质叙述中,苏教版涉及的内容较少。对于乙酸酸性强弱的内容,3 个版本教材都有叙述,只有苏教版列出了方程式。对于酯化反应这一概念,3 个版本都给出了定义和反应方程式,只有苏教版有酯化反应的机理。在乙酸的应用中,3 个版本教材都叙述了它是醋的主要成分,只有鲁科版叙述了乙酸在其他领域的应用。

选修 5 中,羧酸的定义和分类 3 个版本教材都有叙述。只有人教版讲了乙酸的物理性质。苏教版讲了乙酸的结构。羧酸的物理性质只有鲁科版有讲解。在羧酸的化学性质中,酯化反应机理人教版和苏教版有叙述;羧酸的酸性人教版和鲁科版都有叙述;乙酸的酸性强弱只有人教版有叙述;羧酸与氨气的羟基取代反应、羧酸的还原反应以及 α-H 被取代的反应只有鲁科版有叙述;羧酸的缩聚反应只有苏教版有叙述。

就内容组织来说,在知识线索上,人教版是乙酸的结构—物理性质—酸性—酯化反应;鲁科版是乙酸的应用—物理性质—结构—酸性—酯化反应;苏教版是乙酸的物理性质—结构—酸性—酯化反应。在问题线索方面，苏教版引入性问题较其他两个版本多，在乙酸的酸性和酯化反应中都有引入性问题；人教版只在乙酸的酸性叙述时提出问题；鲁科版在酯化反应中提出问题。情境线索方面，在 3 个版本教材提供的情境中，乙酸的物理性质都是正文叙述；乙酸的结构都是正文叙述；都有探究乙酸酸性的实验，人教版和鲁科版提供了乙酸与水垢反应的素材，苏教版提供了乙酸的电离方程式和乙酸与碳酸钠的反应方程式。活动线索方面，对于乙酸酸性的强弱，人教版和苏教版强调对乙酸酸性强弱的探究。在探究性活动中都突出强调乙酸的酸性强弱，鲁科版直接要求学生设计实验去证明乙酸的酸性，在活动中没有强调对乙酸酸性强弱的探究。酯化反应的活动设计 3 个版本教材都采用实验的形式，但是具体的实验要求不同。人教版要求学生观察现象得出有关生成物的结论；鲁科版要求学生注意生成物的气味；苏教版要求学生通过实验现象去推测酯化反应的机理，相对其他两个版本要求较高。具体分析可参见图 6-1。

大学有机化学涉及了高中学过的所有知识，但对于相关知识都有进一步的解释和深化，同时也增加了许多高中未涉及的知识。对于乙酸的相关知识，不再是单独讲乙酸，而是系统地介绍羧酸这类物质。

1.2 教师教学的困惑

作为教师，在教学过程中，我们常常会对像乙酸这样在必修与选修都有的内容产生深深的困惑：第一，乙酸在必修和选修都有的内容，是不是需要重复教学？通过前面对必修与选修相关内容的分析，我们不难发现，同一版本的必修和选修，在乙酸知识点的选取上有许多重复的地方，这也是导致我们困惑的原因之一。如果不是简单重复，那么必修阶段乙酸性质的教学主要目的是什么？怎样定位？第二，不同版本教材在乙酸知识点内容编排上有一定的差异，我们是否需要面面俱到，取全部还是取交集？还是以教师个人喜好确定？第三，必修阶段要学习的乙醇和乙酸内容都是有机化学的重要内容，在认识层级上有比较高的要求，是一步到位还是有所保留？在必修阶段教学的深度和广度怎么把握？问题任务以什么方式呈现比较合适？

从学生的角度分析，以往的教学经验显示，学生初学有机物时有许多认识上的困惑和误区。比如，有机物的微观结构似乎挺有意思，可是很复杂，学习有机

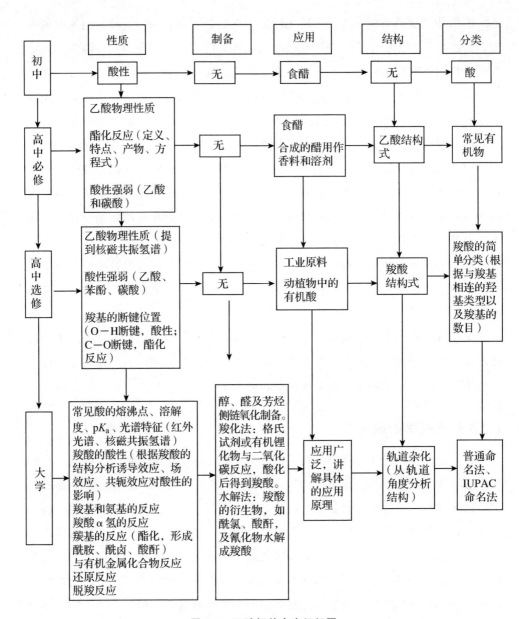

图 6-1　乙酸相关内容组织图

物的微观空间结构有什么用处？有机物的性质似乎没有什么规律，有机反应很复杂，太难记忆。学生对有机反应的认识仍然停留在无机反应的认识水平，不知道有机反应到底有什么规律，能否一劳永逸地去记忆。

1.3 学生学习情况调查

学生在九年级学习的主要内容是酸碱盐，以及无机反应的规律；在高一学习的氧化还原、离子反应也是无机反应的规律，后面学习的元素化合物属于无机物的性质与规律的内容，必修 2 的前三章也基本是无机物和无机反应的规律。可以说，在整个有机物学习之前的所有学习内容和学习重点都是关于无机物和无机反应的。学生对有机物的认识仅仅是在九年级有零星的感性认知。

聚焦到乙酸的教学内容，学生在九年级认识过乙酸，仅仅是对乙酸酸性有感性认识。在高一必修 2 简单有机物的学习中，学习乙酸之前，学生已经学习了典型有机物——甲烷、乙烯、苯、乙醇的性质，对基本有机反应类型即取代反应和加成反应有认识。

学生对学科知识的认识水平不高，或者说对学科知识认识的迁移水平不高。他们对之前一直在学习的无机反应的特点记忆比较深刻，已经建立的对无机反应先入为主的认识不容易被突破。因而，突然过渡到有机反应，物质结构以及反应规律突然变化很大，从心理上和认识上对学生都是巨大挑战。要打破这种固有认识，需要不断地通过活动突破原有认识，让学生在活动中不断深化对有机反应的结构变化规律的认识。

初学有机物，学生不仅对有机反应中有机物结构变化规律认识不够，对有机物性质的认识也是零散的，对有机物学习没有系统的思路与方法，对有机物的用途与性质和结构的关系的认识也不够清晰，因而建立对有机物的系统的认识思路对学生是很有必要的。

聚焦到乙酸，学生的困难是：对乙酸酸性强弱的理性认识不够；乙酸酯化反应是陌生实验，需关注的点很多，学生在推理上有困难；乙酸酯化反应的结构变化与反应方程式书写是他们一贯的认识障碍；学生不能自主建立有机物与生活的密切联系。基于这些困难，学生的学习兴趣不够浓厚。

2 研究的理论依据

2.1 乙酸的认识模型

基于以上对学生认识困难的分析，我们认为通过对乙酸的学习建立认识思路模型是解决学生认识困难的有效途径，而且可以加深学生对有机物的系统认识。乙酸的认识思路模型如图 6-2 所示。

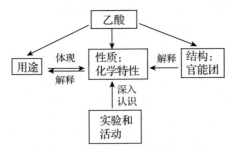

图 6-2　乙酸的认识思路模型

2.2　乙酸的教学研究综述

笔者查阅自 2009 年以来的关于乙酸教学的文献，对文献进行分类所得的结果如表 6-1 所示。

表 6-1　关于乙酸教学的文献分类表

期刊	乙酸已有文献数量	
	教学设计类	实验改进类
《化学教育》	1	4
《中学化学教学参考》	3	0
《化学教学》	4	6
《中小学教学研究》	8	4
《化学教与学》	10	8
《中国科教创新导刊》	5	3

这些文献的主题有两类：一是教学设计主题类，包括高中必修乙酸和高中选修 5 羧酸；二是乙酸乙酯实验改进类。

本文重点关注必修乙酸的教学设计，尤其是学生活动设计，最终筛选出 9 篇有代表性的教学设计，这 9 篇教学设计的知识线索分为两类：一类是物理性质—应用—结构—酸性—酯化反应，或物理性质—结构—酸性—酯化反应—应用；另一类是结构—物理性质—酸性—酯化反应—应用。

对每一种知识线索的每一个知识点设计的学生活动各有不同，这正是笔者关注的要点。于是，笔者对每一类知识线索的知识点对应的学生活动进行统计，结果见表 6-2(注：观察意为观察乙酸试剂或醋酸样品，阅读意为阅读教材相关内容)。

表 6-2　知识点对应的学生活动表

物理性质	应用	结构	酸性	酯化反应
观察，阅读	教师讲	讲解	给出试剂，课堂实验探究	演示实验
观察		计算分子式，给出模型，归纳	给出试剂，课堂实验探究	演示实验，同位素原子示踪法
观察		教师讲	给出试剂，课堂实验探究	演示实验
观察		拼装模型	给出试剂，课堂实验探究	演示实验
观察		观察模型	给出试剂，课堂实验探究	学生实验，同位素原子示踪法
观察，阅读	教师讲解	教师讲解	给出试剂，课堂实验探究	演示实验
观察，归纳		观察模型	给出反应方程式，设计实验探究	播放视频
观察，归纳	教师讲解	观察模型	无实验，讲解	学生分组实验
观察，归纳	阅读教材	观察模型	家庭实验，课堂探究	演示实验

通过以上统计不难发现，设计学生活动的重点基本都在乙酸酸性的探究上，而设计的学生活动基本以课堂探究实验的形式让学生体会乙酸的酸性以及酸性强弱，对于乙酸酯化反应这一重点知识，学生活动的重心在对乙酸酯化反应实验的观察与思考上，对酯化反应结构变化的活动几乎没有涉及，部分教师通过同位素原子示踪法介绍酯化反应结构的变化。

这些设计或多或少都存在如下问题：一是虽然关注了联系生活，但是联系点是在课堂引入时联系生活，或者在乙酸用途中通过讲解或者阅读教材体会一些与生活的联系，没有更为深入地与生活产生联系，没有让学生深切地体会到学习乙酸这样生活中常见的有机物就应该从生活中学，在生活中用。二是对学生认识盲区的突破明显不够。对初学有机物的学生来说，有机物的结构与有机反应的特点一定是他们认识上的重要障碍点，那么如何突破，在这些设计中都难以看到。只是有部分教师关注到用乙酸的模型让学生认识乙酸结构，在乙酸酯化反应实验之后，介绍同位素原子示踪法来认识乙酸酯化反应的结构变化。我们在以往的教学中也是这样做的，但后来发现仅仅做这些还远远不够，学生仍然难以突破自己的固有认识，对有机反应的方程式书写基本停留在照猫画虎的水平，没有形成对有机反应结构变化规律的深刻认识。

3 行动方案的实施与改进

3.1 "乙酸"的高端备课改进历程

3.1.1 备课研讨

在高端备课之前的第一次教学设计时，笔者的设计重点放在乙酸的性质上，认为乙酸的性质很重要，性质要全面不能遗漏知识点；其次是认为课堂的视觉效果很重要，应尽可能让学生动手做实验，尽量多给出乙酸在生活中的用途的图片，增强学生兴趣。第一次高端备课时，胡久华老师提出了两大问题：第一，必修2乙酸的功能定位是什么？必修2的乙酸与选修5的乙酸有什么不同？教学侧重点在哪里？第二，学生的认识发展水平怎样？本节课促进学生哪些认识发展？因为这是我们第一次参加高端备课(2012年春)，对这两点，笔者确实没有深入思考，当时真的很尴尬。

通过这次备课，我们对乙酸进行了准确定位：第一，以乙酸为载体增强学生对有机物学习的兴趣，体会化学与生活的密切联系。这就需要充分联系生活，让学生认识到乙酸源于生活，通过与生活问题的联系归纳乙酸的性质。可以采用从生活中来到生活中去的教学设计思路。第二，初学者对有机物认识水平不高，不能一步到位，不要面面俱到，需要循序渐进，不断深化对有机物结构和性质的认识。于是有了试讲稿。

3.1.2 试讲阶段

通过第一次高端备课，在教学设计思路上与以往教学产生了很大的变化，主要体现在对乙酸的定位更精准，体现必修2模块不同于其他模块的要求：与生活密切联系，从生活中来到生活中去，通过学生的体验活动获取知识，通过教学过程建立学习模型，为后续自主学习打下基础。以这样的定位和思路进行教学设计后进行试讲。上述过程，高端备课专家胡久华老师和教研员任宝华老师全程参与，课后进行第二次高端备课研讨。

胡久华老师和任宝华老师又提出了更加深入的问题：第一，乙酸作为生活中常见的有机物，与生活联系非常密切，仅仅通过图片展示远远达不到提高兴趣、建立认识思路的目的。如何更有效地在"生活中"认识乙酸？第二，有机物需要认识的角度比较多，包括性质、用途、结构、实验等，性质也比较多，如何让初学者形成有序的认识思路？为了为以后继续学习有机化学奠定坚实的认识基础，建立结构解释性质的认识角度很有必要。针对第一个问题，我们从两点入手：①通过各种途径收集生活中乙酸的用途，由用途思考其体现的性质；②乙酸的酸性实验素材可以在生活中获得，设计家庭实验——醋泡鸡蛋、白醋除水垢。由学生在家里进行实验，对实验过程进行记录、拍照等，最后在课堂上展示。针对第二个问题，我们采用胡老师的高端备课思想：建立生活中常见有机物认识思路，如图 6-3 所示。

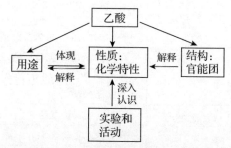

图 6-3　生活中常见有机物认识思路

专家又提出了第三个问题：本节课酯化反应中反应物的结构变化是教学难点，那如何突破呢？依据对学生认识水平的分析，酯化反应中反应物的结构变化是初学者的难点，学生还停留在无机反应的认识水平上，不知道怎样将反应物中含有的那么多的原子组合成合适的产物。这也是以往教学不易突破的难点。针对这一问题，我们设计了拼插活动，以期通过动手动脑活动突破学生认识难点。给出乙醇乙酸的球棍模型，用球棍模型拼插酯化反应得到的乙酸乙酯的结构。实施教学后发现，这一活动非常好地展示了学生的认识误区：有的将所有原子的化学键全断开，以致不知道如何拼出产物；有的则随意断开某个化学键，虽拼出产物但断键位置不对；等等。可见这一活动直击学生认识盲点，然后给出动画演示酯化反应微观过程，结合教师讲解突破认识误区。

3.1.3　正式讲阶段

经过充分研究，细化教学设计环节后进行正式讲。试讲和正式讲课堂教学学生活动对比见表 6-3。

表 6-3　试讲、正式讲时师生活动对比

乙酸试讲	乙酸正式讲
回忆乙醇学习思路。	回忆乙醇学习思路，迁移到乙酸。
教师引导学生讨论乙酸在生活中的用途。	学生任务：交流讨论乙酸在生活中的用途并记录在学案上。
教师讲解乙酸的物理性质。	依据乙酸用途发现乙酸的物理性质、化学性质。
	结合乙酸试剂全面归纳乙酸的物理性质。
	观察乙酸结构模型，写出结构式和结构简式。
	从结构角度解释乙酸具有酸性的可能原因。
	小结上述乙酸的学习思路。
提前一周布置，学生在家完成两个家庭实验：食醋除水垢和醋泡鸡蛋。将实验情况做成 PPT 发给教师。课堂上，教师选取部分进行展示、讲解、归纳。	提前一周布置，学生在家完成两个家庭实验：食醋和醋精分别除水垢、醋泡鸡蛋。将实验情况做成 PPT。课堂上，部分学生代表进行展示并讲解。
书写除水垢方程式。	教师归纳总结家庭实验结果。
	小组讨论设计实验证明乙酸酸性强弱。
	小组实验：1 mol/L 的盐酸、1 mol/L 的醋酸分别与镁条反应。
教师讲解乙酸的弱酸性。	学生描述实验现象，归纳乙酸酸性。
教师讲解乙酸的结构。	学生描述实验现象，归纳乙酸酸性。
教师讲解乙酸的结构。	教师再次分析乙酸结构中的活泼化学键。
教师展示乙酸乙酯溶解一次性餐盒的材料。	结合网络资料引入乙酸乙酯。
教师演示酯化反应实验。	演示酯化反应实验。
教师引导学生讨论实验细节和反应机理。	总结实验现象，书写化学方程式。
	学生活动：用球棍模型模拟反应过程。
	讲解有机反应结构变化规律。
教师讲解同位素示踪法，动画演示断键过程，得出酯化反应。	讲解同位素示踪法和动画演示酯化反应。
讨论饱和碳酸钠溶液的作用。	讨论实验中的问题。

　　通过对比发现，正式讲和试讲相比，正式讲在教学设计上发生了很大的变化，具体来说有以下几点。

　　一是思路变化：从结构的角度解释乙酸的性质放在哪里讲更好。正式讲将结构提前，在由用途归纳物理性质以及部分化学性质之后，就进入结构的学习，这样可以很好地让学生体会结构解释性质或者结构决定性质的思想。

二是学生活动的变化：试讲只有家庭实验，正式讲加入了课堂探究实验，这样才能让学生对乙酸酸性强弱有更理性的认识。

三是认识思路的外显：课堂教学设计体现认识思路，但是学生不一定能够在有限的时间内体会到，因而将思路外显以弥补这种不足。

3.2 乙酸正式讲

3.2.1 教学设计

教学设计见表 6-4。

表 6-4 正式讲时的教学设计

环节	教师活动	学生活动	教学设计意图
引入	【引入】家家户户都要用的调味品醋，有效成分乙酸，俗名醋酸。根据上一节课的学习，你认为应该怎样学习乙酸呢？ 【板书】第三节 生活中常见的有机物——乙酸	【思考】将学习乙醇的思路迁移到学习乙酸上来。	深化迁移学习模型。
环节1：初步认识乙酸	【任务】生产、生活中乙酸有很多用途，可作调味品，可用于去油漆、去沥青、除水垢、除铁锈，制取各种酯类，预防感冒等。 通过这些用途，请你观察冰醋酸，你能发现乙酸的哪些性质？小组讨论，并记录在学案上。 【问题】乙酸为什么具有酸性？它的结构是怎样的？	【学生交流】生活中乙酸的用途。 【记录】将用途体现的性质记录在学案上。 【活动】观察球棍模型，书写乙酸的结构式、结构简式、分子式。	体会从化学的视角认识生活现象。
环节2：深入认识乙酸的酸性	【过渡】我们通过用途认识了乙酸的物理性质，下面我们通过实验等途径深入认识它的酸性。 【家庭实验】学生展示在家里做的白醋泡鸡蛋、白醋除水垢的图片。 【归纳】乙酸的酸性特点。 写出白醋除水垢的反应方程式，提示水垢的主要成分为 $Mg(OH)_2$ 和 $CaCO_3$。 【任务】醋可以除水垢，乙酸可以和碳酸盐反应，说明乙酸酸性比碳酸强，那么乙酸是不是一种比较强的酸呢？ 如何通过实验比较乙酸酸性与盐酸酸性的强弱？	【展示】学生展示家庭实验的过程，并简单解释。 乙酸具有酸性。 乙酸酸性比碳酸酸性强。 【书写】醋除水垢的方程式 $Mg(OH)_2 + 2CH_3COOH =\!=\!= (CH_3COO)_2Mg + 2H_2O$ $CaCO_3 + 2CH_3COOH =\!=\!= (CH_3COO)_2Ca + H_2O + CO_2\uparrow$ 【交流研讨】3分钟。 【回答】实验方案。	由家庭实验感受科学探究的乐趣；体会乙酸酸性强弱；体会化学源于生活，又影响生活。

环节	教师活动	学生活动	教学设计意图
环节2：深入认识乙酸的酸性	【思考】实验需注意的问题。 实验步骤投影： ①取两支试管； ②分别加入大小相同的两个镁条； ③分别加入相同体积、相同浓度的乙酸和盐酸，大约2滴管。	【回答】实验控制变量： 控制固体的大小、规格相同；所用酸的浓度相同，体积要相同。 【学生实验】同浓度的乙酸、盐酸分别与镁条反应。 注意对比实验，同时观察。 【回答】描述实验现象，并说明结论，书写方程式。	
环节3：实验探究乙酸的酯化反应	【任务】以乙酸为关键词检索，可以看到乙酸乙酯。酯是一类非常有用的物质……如何用乙酸制得乙酸乙酯呢？ 教师演示实验时学生活动要求： 1. 记录实验步骤； 2. 记录实验现象； 3. 提出想问的问题。 实验步骤： 1. 向反应试管中加入3 mL无水乙醇，2 mL浓硫酸（慢慢滴加），2 mL冰醋酸（慢慢滴加），碎瓷片。 2. 另取一支试管用于吸收产物，加入饱和碳酸钠溶液并滴加2滴酚酞试液，将导管伸入试管中。靠近液面但不接触液面，离液面1~2 cm。 3. 仪器安装好后，开始小心地加热反应混合物。 实验结束，先撤导管，后撤酒精灯。 教师板书酯化反应： $$CH_3COOH + CH_3CH_2OH \xrightarrow{浓\ H_2SO_4} CH_3COOCH_2CH_3 + H_2O$$ 【问题】酯化反应中有机物的结构是怎样变化的？ 【点拨】针对学生出现的问题，及时点拨：有机反应哪里断键，哪里接上新的原子或原子团。 【问题】乙酸与乙醇是怎样断键的？ 【问题】真的如此吗？ 【动画】动画模拟同位素原子示踪法，展示结构的微观变化。 【问题】真的如此吗？	【观察记录】 三四位同学在实验台前近距离观察实验，并把观察到的每一点实验现象及时地描述给大家。 老师让多位同学近距离观察产物形态，闻气味。 所有同学细致记录每一点实验现象。 【回答】概括实验现象，并对实验现象进行解释。 【思考】观察并思考酯化反应方程式。 【活动】用乙酸和乙醇的球棍模型拼插酯化反应，体会酯化反应过程中反应物结构的变化。 【回答】乙酸脱氢，乙醇脱羟基，理由：乙酸有酸性，易断O—H键。	通过实验认识乙酸的酯化反应。实验过程中培养学生有序观察、细致记录的习惯。培养学生从现象中发现问题、得出结论的推理能力。通过拼插模型、动画演示，从有机反应的本质规律理解酯化反应中有机物的结构变化。

环节	教师活动	学生活动	教学设计意图
环节3: 实验探究乙酸的酯化反应	【讲解】酯化反应的概念、浓硫酸的作用——催化作用。 关于酯化反应的实验，你还有什么问题？ 解决学生提出的问题。 解决问题1：取刚才制取乙酸乙酯的试管，先让学生仔细观察现象，然后振荡，再观察，让多位学生闻气味。 【资料】给出乙酸、乙醇、乙酸乙酯的熔沸点以及溶解性数据。 	物质	沸点/℃	密度/(g/mL)	溶解性
乙酸	117.9	1.05	易溶于水，易溶于乙醇、CCl_4等有机溶剂
乙醇	78.5	0.789	能与水以任意比例混溶，能与乙醚、甲醇等其他多数有机溶剂混溶
乙酸乙酯	77	0.90	微溶于水，易溶于有机溶剂		【体会】仔细观察动画，理解同位素示踪原子法，并理解乙醇与乙酸的断键位置。 【倾听体会】 【学生回答】可能的问题： ①为什么用饱和碳酸钠吸收乙酸乙酯？ ②为什么加碎瓷片？ …… 【观察思考】开始颜色是红色，闻到刺激性气味，振荡后颜色变浅，再闻气味，有点马克笔的气味——香味。 结合给出的资料概括饱和碳酸钠溶液的作用： ①溶解乙醇； ②中和乙酸； ③降低乙酸乙酯的溶解度。	
小结	【小结】我们是怎样一步步认识乙酸的？ 教师在黑板上勾画连线，点拨。PPT展示。 【学以致用】酒越陈越香的化学反应原理。提供资料：不同年份茅台酒的价格，乙醛转化为乙酸的反应。提示：粮食酿的酒，有酒化酶的作用，会产生香味物质$CH_3COOC_2H_5$。	【思考整理】学生在学案上画出认识乙酸的思路。即用途、结构、性质之间的关系，体会有机物学习的思路。 【思考交流】回答：生活中酒越陈越香的原因：$CH_3CH_2OH \rightarrow CH_3CHO \rightarrow CH_3COOH \rightarrow CH_3COOCH_2CH_3$	培养学生的学科素养。

3.2.2 教学建议

一是关于准确定位的思考。

科学合理的定位非常重要，它决定了设计学生活动的出发点，以及所有的设计是否合理。定位包括内容的深广度、模块特点，以及学科思想和学科方法。定位准确才能深入学生内心，达成教学目标。以乙酸为例，乙酸在九年级教材必修2、选修5中都有，不同模块对乙酸的定位不同。在知识目标上，对乙酸认知的发展是逐步上升的。在情感、态度与价值观方面的定位也不同。基于对必修2乙酸的准确定位，本节课的学生活动设计以提高学生对有机物学习的兴趣为出发点，通过丰富的学生活动促进认识发展，形成对乙酸的全面认识，形成有机物学习思路，建立新的认识角度。

二是关于建立认识模型的思考。

有机物学习的内容相对较多，有性质、结构、实验、用途等，它们之间有什么内在联系？怎样通过一个有机整体的认识思路去学习有机物，发展有机化学学科思想？这需要认识思路模型。简洁的模型是提高认识水平的重要途径。

确立了以上教学思路，考虑学生已有的基础，我们充分收集教学素材，进行教学设计。教学设计由三条明线组成：情境线—知识线—活动线。这三条主线的每个环节都通过问题相连接，问题线隐于其中。活动线源于知识、思想、方法的关键点和疑难点，每个活动都提供给学生较大的思维和活动空间。

三是在教学重难点上设计促进学生认识发展的探究活动的思考。

在知识、思想、方法的疑难点和关键点上设计学生活动，给学生充分的动手动脑机会，体验知识的形成过程。本节课在以下几个关键点设计学生活动：①用途体现性质，形成由用途到性质的认识思路；②乙酸酸性，家庭实验与课堂学生实验探究乙酸酸性强弱，形成对乙酸酸性强弱的感性和理性认识；③乙酸酯化反应的演示实验，培养学生有序观察、细致记录，于细微处发现问题的观察思考能力；④乙酸酯化反应中反应物结构的变化，利用球棍模型拼插酯化反应过程，结合动画演示，建立从结构的角度认识性质，认识有机反应的认识角度。

四是恰当地选用素材的思考。

每一堂课，我们都会准备大量的素材。这些素材怎么用？如何选取素材？笔者的经验如下。

①明确教学目的，知道我们需要什么样的素材；②知道不同素材的功能价值是什么，学生是否可以对素材进行分析、推断、评价，甚至再创新等思维加工活动，素材本身能承载多少学科知识、思想、方法以及情感、态度与价值观的功能。比如在乙酸这节课中，开始选用了大量素材，并想用"醋的发现史"作为课堂引入。在备课过程中发现这些素材除了引起学生兴趣，不能承载更多的功能价值，于是予以摒弃。能够引起学生兴趣的素材很多，我们要选取能够承载更多功能价值的素材以利于学生的问题解决活动。

4 研究的结论与反思

乙酸这一节课从具体内容来说属于有机物的典型代表物，其性质非常重要；从学科思想价值来说，承载着学习有机物认识角度的建立，认识思路的形成。在实际教学中又分别在三个模块中出现，因而教学定位非常重要，准确定位后，要想让教学实施过程达到教学目标，需要在学生活动上多做文章。学生通过体验活动，丰富认识，深化感情，增强对有机物的学习兴趣。本节课在高端备课专家指导下，较好地达到了教学目标。图 6-4 是部分课堂观察量表。

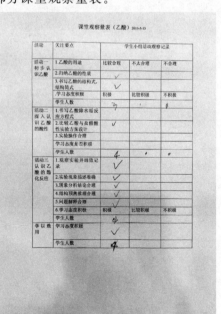

图 6-4　课堂观察量表

其实教学中还有一些问题需要突破。比如，在拼插活动暴露认识误区，及时讲解有机反应结构变化规律之后，给出动画演示酯化反应的微观变化过程，这一系列的活动能否起到预期的效果？学生是否真正理解了酯化反应过程中有机物的结构变化？对此，本次课没有再为学生设计活动。

（本章作者：刘海珍

高端备课指导专家：胡久华

研究生助理：王启园）

第7章 "有机综合推断题解题策略探讨" 教学行动研究报告

1 问题的提出

1.1 高考有机综合推断题的考查内容及考查方式

有关考试说明中的要求如下：

①掌握有机化学中重要官能团的结构、性质、基本有机反应类型、同分异构体等主干知识；

②综合应用各类化合物的不同性质，推导未知物的结构简式；

③能够敏捷、准确地获取试题所给的相关信息，并与已有知识整合，在分析、评价的基础上应用新信息。

有机推断题是高中有机化学知识考查的重要题型，同时也是高考中的必考题型。

有机推断题不仅能全面地考查学生对烃和烃的衍生物的结构、性质及相互转化关系的掌握情况，而且能较全面地测试学生的自学能力、观察能力、思维能力和推理能力，所以受到命题人的青睐。

对比近些年来的高考题，我们会发现高考有机推断题逐步向综合型、能力型方向发展，即从知识考查向知识能力综合考查方向发展。具体对应考试说明中的考查学生接受、吸收、整合化学信息的能力，以及分析和解决（解答）化学问题的能力。

1.2 教学困惑

有机综合推断题的主要考查形式如下。

①根据官能团的衍变关系及有机计算或题目所给的新信息，确定有机物的分子式或结构简式；推断官能团的种类、结构式（或名称）、性质；确定同分异构体的数目或结构简式。

②写出指定反应的反应类型、反应条件或反应的化学方程式。

③根据题给的新信息，按指定的路线合成新的有机物。

面对有机综合推断题，教师一般引导学生从以下几个方面进行梳理。

①要夯实哪些方面的基础知识？

②基本的分析思路是什么？

③要逐步学会哪些技能技巧？

④要积累哪些方面的经验？

但是，这样梳理后会发现学生的进步和提升并不明显。当拿到陌生的反应信息时，学生仍然无法顺利将其运用到关键物质的推断中；当题目设问发生变化时，学生仍无法用已有经验去解答。

1.3 学生学习情况调查

高三学生应对有机综合推断题方面的知识基础和能力储备如下。

①了解常见有机物的性质，掌握常见官能团的性质，掌握基本反应类型。

②掌握基本的推断方法，即正推法、逆推法、正逆结合法。

③了解官能团在解决有机综合推断题方面的重要地位，即有机物间的转化实质是官能团间的转化。

学生可能出现的问题如下。

①不知道什么情况下适合哪种推断方法。

②面对陌生反应信息时如何分析断键、成键，如何将框图题中的物质代入陌生信息，从而顺利推断出新物质。有机综合推断题中经常会出现陌生反应类型，学生对信息题存在一定的困难。在有机推断框图题中存在的困难调查中，24%的高二学生表示读不懂信息，22%的高三学生表示读不懂信息，在困难中比重最大。

2 研究的理论依据

2.1 有机综合推断题的功能价值

有机化学综合推断题是每年高考必考的一种题型，它可以综合考查学生所学有机化学知识，尤其是各种官能团的性质及相互转化，能够充分考查学生发散思维能力和收敛思维能力，是发挥选拔作用的题型。有机综合推断题内容虽然每年都有变化，但有很多的共性内容，考查点主要是有机物中某些物质在一定条件下的相互转化或给出一定的信息来进行推断或计算，分析未知物的结构(包括组成元素、最简式、空间结构、异构体和化学反应之间有关量的计算等)，性质变化，转化的反应类型，具体的化学反应方程式等。

2.2 有机综合推断题的认识模型

在进行有机综合推断题的相关复习时，应建立解题模型(图 7-1)帮助学生梳理解题策略，这种解题模型的优点是简单明了，将解题过程中的所有内容和环节之间的关系清晰地展示出来，使学生的解题过程更有条理性。

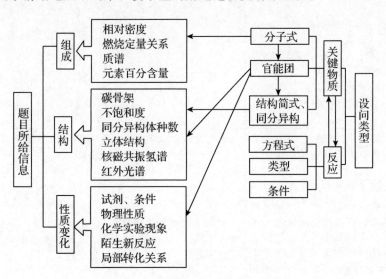

图 7-1 有机综合推断题的解题模型图

2.3 有机综合推断题的教学研究综述

有机综合推断题是高考中综合题的重头戏，经过合理的复习和指导，学生提分的空间较大。如何帮助学生在高三总复习阶段，在解决有机综合推断题方面的能力有较大提升，成为高三教师不断研究的课题。

对已有的文献进行查阅，发现核心期刊的文献较少，且关于有机综合推断的大部分文献是试题分析类，仅有 1 篇是有关教学设计类的。这篇文献提供了一个关于有机综合推断的教学设计(表 7-1)。

(1)教学设计类

关于有机推断的教学设计见表 7-1。

表 7-1　关于有机推断的教学设计

教学环节	学生活动	设计目的
请你创造一个物质，使它能体现你学过的所有类别的有机物的性质(碳原子数尽量少)。	学生书写物质的结构简式。	回忆所学官能团，减轻学生对有机合成、有机推断的畏惧心理。
教师写出下列物质，如下： $CH_2=CH-CHCOOCH_2CHO$ 提问：该物质含有哪些官能团？1 mol 该物质与下列物质分别充分反应，消耗下列物质各多少摩尔？ H_2、溴水、NaOH、$NaHCO_3$、Na_2CO_3	学生交流评价此物质，观察物质结构，回答问题。	回忆官能团性质。
根据教师提供的原料、信息和目标物质设计合成路线，鼓励学生自己编题。 第一阶段：由基本工业原料合成简单有机物(乙烯合成草酸二乙酯)。	学生设计合成路线。	体会有机推断题中链的建立。
第二阶段：根据提供的信息合成陌生物质，可以提供原料库，结合提示信息，设计合成物质。指导学生用"逆向切断法"由目标分子准确找到对应的基础原料，结合信息和所学知识设计合成方案，比较评价不同的设计方案，提升设计思想。	学生根据较复杂物质设计合成路线，比较评价不同设计方案。	指导学生学习逆合成分析法，按照绿色化学观念评价合成路线。

续表

教学环节	学生活动	设计目的
第三阶段：用"碎片"连成框图，并进行问题设计。	学生把典型的有机推断框图"切断"成碎片，给出信息提示，学生根据自己的判断进行拼接，把碎片连成框图并进行问题设计，交流评价，与原题对比。	了解有机推断题的题型与特点，减少畏惧心理。

这篇教学类的文献前两个环节的设计可以让学生熟悉官能团及其性质，让学生进行编题可以将有机合成融入其中，最后一步"碎片"连接的处理可以让学生认识到有机推断的各种题型，不过这种让学生编题的方式难度较大，消耗时间较多，在素材难易的选择上比较难把握，且如果是一节课的话，最好能将这五个环节串起来，使课堂更连贯。

（2）试题分析类

试题分析类中关于复习策略的文献也占少数。多数文献是给出了试题的解题策略、解题思路。少数文献是根据试题的题型，给出解题策略和复习策略。笔者认为应将这两部分结合起来，针对题型给出解题策略，再给出复习策略，以便可以整体系统地认识有机综合推断。

文献中提到有机综合推断的考点包括有机物的分子式、结构式，同分异构体，有机物之间的转化关系，特征反应现象，反应条件。

文献中将有机综合推断的试题分为两类。第一类试题通过有机框图展示物质之间的转化和合成路线，结合新信息全面考查学生化学方程式以及同分异构体的书写等。这一类题一般是给出起始的有机物的结构简式、中间物质的分子式、反应条件等，经过一系列的合成得到目标产物。第二类试题在一些有机推断中会以框图的形式进行考查，在一些框图中已知该有机物的分子式。第二类题一般是给出起始有机物的分子式、中间物质的结构式、反应条件等，合成目标产物。这两类属于极端代表性的，题目多是两种类型的结合，因此在解题时，应掌握各种找出题眼的方法，既可以从反应条件、反应现象、物质间转化关系来推断（逆推），又可以从猜测起始物质的结构来推断（正推），或者两条路同时走（正逆结合）。表 7-2 列出了关于有机综合推断的试题分析类文献的分类。

表 7-2　关于有机推断的试题分析类文献分类表

文献	题眼	解题策略、解题思路	复习策略					试题中所包含的官能团
有机综合推断题的复习策略	有机物的分子式	不饱和度的计算、核磁共振氢谱、前后物质分子式、分子质量的差异	有机物不饱和度的计算：					

有机物不饱和度的计算：

分子式	不饱和度	典型物质	类别	计算方法
C_8H_8	5	$CH{=}CH_2$（苯环）	烃	$N(C)+1-\dfrac{N(H)}{2}$
$C_7H_6O_2$	5	（苯环）—COOH	含氧衍生物	$N(C)+1-\dfrac{N(H)}{2}$
$C_8H_8Cl_2$	4	（苯环）$CH_2CH{-}Cl$，Cl	卤代烃	$N(C)+1-\dfrac{N(H)+N(X)}{2}$（X 代表卤素）
$C_8H_9O_2N$	5	（苯环）$CHCOOH$，NH_2	含氮衍生物	$N(C)+1-\dfrac{N(H)-N(N)}{2}$

文献	题眼	解题策略、解题思路	复习策略	试题中所包含的官能团
有机物不饱和度的计算			对于烃 C_xH_y 或烃的含氧衍生物 $C_xH_yO_z$，其不饱和度计算公式为 $\Omega=\dfrac{1}{2}(2x+2-y)$。	
采用等量代换方法解答有机推断题			利用质量守恒进行等量代换；利用耗氧量相等进行等量代换；利用价键守恒进行等量代换；利用氢原子守恒进行等量代换；利用组成元素的质量分数不变进行等量代换	
高考有机推断题的常见题型及复习策略			总结分子式、相对分子质量与反应类型、物质类别的关系。	

反应类型与相对分子质量、分子式变化的关系

反应类型	相对分子质量变化	分子式变化	物质类别	反应条件
加成反应	增加 2	多 2H	不饱和烃	催化剂/△
	增加 18	多 H_2O	不饱和烃	催化剂/△
	增加 $M(X)+1$	多 HX	不饱和烃	催化剂/△
	增加 $M(X)$	多 X_2	不饱和烃	X_2/H_2O，X_2/CCl_4
消去反应	减少 18	少 H_2O	醇	浓硫酸/△
	减少 $M(X)+1$	少 HX	卤代烃	NaOH,乙醇/△
氧化反应	减少 2	少 2H	醇	O_2,Cu/△
	增加 16	多 O	醛	$Cu(OH)_2/△$、$OH^-/△$；$[Ag(NH_3)_2]OH/△$
卤代反应	增加 $M(X)-1$	多 X，少 H	烷烃、烷基	光照或△
			芳香烃（苯环上）	Fe 或 FeX_3
	增加 $M(X)-17$	多 X，少 OH	醇	HX/△

续表

篇名	题眼	解题策略（题眼）、解题思路	复习策略	试题中所包含的官能团

续表

反应类型	相对分子质量变化	分子式变化	物质类型	反应条件
水解反应	增加 18	多 H_2O	分子内酯水解	稀硫酸/△
	$-M(X)+17$	多 OH，少 X	卤代烃	NaOH，水/△
酯化反应	减少 18	少 H_2O	羟基羧酸	浓硫酸/△
	增 $M(酸)-18$	多酸，少 H_2O	醇	
	增 $M(醇)-18$	多醇，少 H_2O	酸	
……				

篇名	题眼	解题策略（题眼）、解题思路	复习策略	试题中所包含的官能团
北京高考化学有机推断题的分析及应对策略	同分异构体的书写	有序书写同分异构体	含苯环类物质的同分异构体书写，书写依据是取代基的个数、取代基的种类、取代基自身的异构。	
高考有机推断题的常见题型及复习策略		用"切割、插入法"解答有机物的同分异构体问题	适用于任何烃的含氧衍生物同分异构体的判断方法："切割、插入法"。即先把该含氧衍生物的官能团切割出来，然后再在剩余部分的不同键之间插入切出来的官能团。	
从官能团关系赏析高考有机推断题	有机物的官能团及其性质：根据结构判断性质、根据性质写结构	根据特征反应（条件、试剂、现象）找到可能的官能团或反应类型	总结特征反应条件与物质类别、官能团。	酚羟基、醛基、酯基

总结特征反应条件与物质类别、官能团。

反应条件	可能的官能团或反应
浓硫酸	①醇的消去反应（醇羟基）；②酯化反应（含有羟基、羧基）
稀硫酸	①酯的水解（含有酯基）；②二糖、多糖的水解
NaOH 水溶液	①卤代烃的水解；②酯的水解
NaOH 醇溶液	卤代烃消去
H_2，催化剂	加成反应（碳碳双键、碳碳三键、醛基、羧基、苯环）
O_2/Cu，加热	醇羟基
$Cl_2(Br_2)/Fe$	苯环
$Cl_2(Br_2)/光照$	烷烃或苯环上烷烃基

"突破口"和"思维方法"是攻克高考有机推断题的两大法宝

高考有机推断题的常见题型及复习策略

酯基、羧基、羟基、碳碳双键、卤代烃、醛基

续表

文献	题眼	解题策略（题眼）、解题思路	复习策略	试题中所包含的官能团
化整为零、分段突破解密高考中的有机推断、有机合成题等（共21篇）	有机物的官能团及其性质：根据结构判断性质、根据性质写结构	根据特征反应（条件、试剂、现象）找到可能的官能团或反应类型	总结反应现象、特征反应与物质类别、官能团。（见下表）	酚羟基、酯基、羟基、羧基、醛基、氨基、肽键、碳碳双键、卤代烃、高聚物……

反应试剂及现象	可能的官能团或物质
使溴水褪色	碳碳双键、碳碳三键、醛基
加溴水产生白色沉淀、遇 Fe^{3+} 显紫色	酚羟基
使酸性高锰酸钾溶液褪色	碳碳双键或三键、苯的同系物、醇、醛
与金属钠反应	羧基、酚羟基、醇羟基
与氢氧化钠反应	卤代烃、羧基、酚羟基、酯基
与碳酸钠反应	羧基、酚羟基
与碳酸氢钠反应	羧基
与银氨溶液反应产生银镜，或与新制氢氧化铜反应产生砖红色沉淀	醛基(醛、甲酸、甲酸钠、甲酸酯)

文献	题眼	解题策略	复习策略	试题中所包含的官能团
从转化关系赏析高考有机推断题	有机物的结构式	有机物之间的转化关系	（见下表）	碳碳双键、卤代烃、羟基、羧基、酯基
高考化学有机推断的共性分析				羧基、羟基、酚羟基、酯基、卤代羧酸
联想是突破高考有机框图推断题的金钥匙				
根据官能团的性质快速解答有机推断合成题（共13篇）				酚羟基、酯基、羟基、羧基、醛基、肽键

关系类型	可能的反应类型
一分为二 A → B、D	酯的水解
一分为三 A → B、C、D	二元酯的水解、三肽的水解
二合一 D、C → F	酯化反应 碳碳双键与碳碳双键的加聚、缩聚
连续型 D →[O] G →[O] C；D →H_2 G →H_2 C	醇的氧化、醛的氧化、炔烃加成、烯烃加成

续表

篇名	题眼	解题策略 (题眼)、 解题思路	复习策略	试题中 所包含的 官能团
			续表	

关系类型	可能的反应类型
连续氧化组合型 	醇的氧化、醛的氧化、酯化
三角双向转换型 	卤代烃、醇、烯烃
三角单双转换型 	醇、酸、酯

3 行动方案的实施与改进

3.1 "有机综合推断题解题策略探讨"的高端备课历程

3.1.1 备课研讨阶段

备课研讨阶段见表 7-3。

表 7-3 备课研讨阶段

教学设计 0	教学设计 1
课前准备:知识梳理,寻找题眼,确定范围。 引入:明确定位——有机综合推断题的主要考查形式。 环节 1:确定课题,明确任务——有机综合推断题的解题策略。 环节 2:提出问题。 ①要夯实哪些方面的基础知识?	引入:明确任务。 提出问题:如何根据题给信息推断有机物结构,最终完成题目设问? 环节 1:典例引路·探索思路。 根据例题梳理题中设问类型和题目所给信息间的对应关系。

续表

教学设计 0	教学设计 1
②基本的分析思路是什么？ ③逐步学会哪些技能技巧？ ④要积累哪些方面的经验？ 环节 3：典型引路 1——给出有机物结构简式，根据官能团判断有机物的性质。 小结 1——掌握以官能团为中心的知识结构。 环节 4：典型引路 2——醇、醛、酸、酯间的转化。 小结 2——掌握各类有机物间的转化关系。	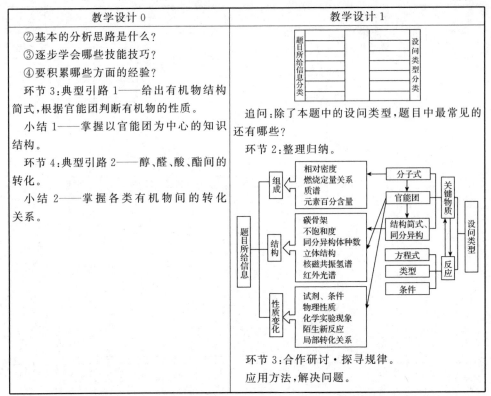 追问：除了本题中的设问类型，题目中最常见的还有哪些？ 环节 2：整理归纳。 环节 3：合作研讨·探寻规律。 应用方法，解决问题。

　　教学设计 0 是在高端备课前笔者已有的教学设计，主要是从基础知识出发，落实解决有机综合推断题的思路、方法和技巧问题。这样教学的优点是条理清楚，落实以官能团为中心的有机物转化知识解决有机综合推断题的问题。但是，这样的教学指向性差，对于学生解决复杂有机综合推断问题帮助不大。

　　教学设计 1 解决了课的定位问题，就是要解决"如何根据题目所给信息推断有机物结构，最终完成题目设问"。

　　而备课研讨后的教学实施暴露出来的问题是，题目设问没有梯度，使得学生在完成典型例题时，无法与后续任务"梳理题中设问类型和题目所给信息间的对应关系"有效地联系起来。

3.1.2　试讲阶段

　　试讲阶段见表 7-4。

表 7-4　试讲阶段

教学设计 1	教学设计 2
引入:明确任务。 提出问题:如何根据题目所给信息推断有机物结构,最终完成题目设问? 环节 1:典例引路·探索思路。 根据例题梳理题中设问类型和题目所给信息间的对应关系。 题目所给信息分类　→　设问类型分类 追问:除了本题中的设问类型,题目中最常见的还有哪些? 环节 2:整理归纳。 环节 3:合作研讨·探寻规律。 应用方法,解决问题。	引入:明确任务。 提出问题:如何根据题给信息推断有机物结构,最终完成题目设问? 环节 1:典例引路·探索思路。 任务 1:①认真分析例题 1 中题给信息,找到你能够最先确定结构的 1~2 个物质。 ②思考这 1~2 个物质你是怎么推导出来的。 ③其他物质怎么推导? ④你又用了哪些方法? 任务 2:小组讨论,将题目所给信息类型归纳、整理到表中。 题目所给信息分类　→　设问类型分类 追问:除了本题中的设问类型,题目中最常见的还有哪些? 环节 3:整理归纳。 环节 4:合作研讨·探寻规律。 应用方法,解决问题。

试讲解决了设问的梯度问题,使得学生在完成典型例题时有抓手,通过层次清晰、循序渐进的问题找到解决有机综合推断题的突破口,建立起"设问类型"和"题给信息"间的对应关系。

3.1.3 正式讲阶段

正式讲阶段如图 7-2 所示。

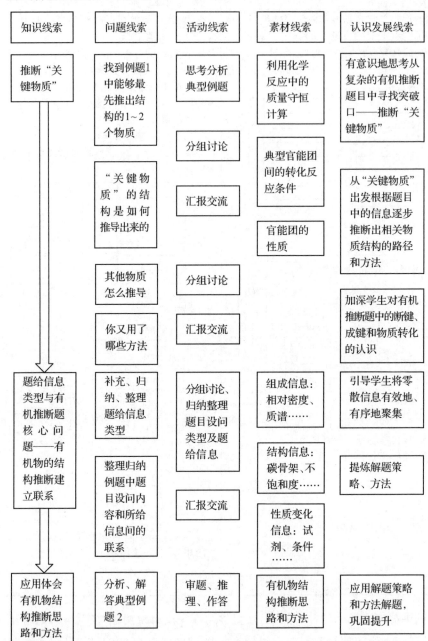

图 7-2　正式讲阶段

3.2 "有机综合推断题解题策略探讨"正式教学

3.2.1 教学设计

教学设计见表 7-5。

表 7-5 教学设计

教学目标	知识与技能	①巩固烃及烃的衍生物间的转化关系。②掌握推断有机物结构的思路和方法。		
	过程与方法	通过分析典型例题,培养学生逻辑推理能力和分析问题、解决问题的能力,使学生逐步形成解答有机推断题的思路和方法。		
	情感、态度与价值观	①通过师生、生生互动,提升学生合作交流的能力。②通过体会成功,激发学生的学习兴趣,增强解决有机综合推断题的信心。		
教学重点		推断有机物结构的思路和方法。		
教学难点		推断有机物结构的思路和方法。		
教学方法		启发、讨论、练习、归纳。		
教学过程				
教学环节	教师活动		学生活动	设计意图
引入	前面复习了有机化学的几大板块知识,并且做了一些有机推断综合题,在做这些题目时我们往往在确定有机物的结构时遇到困难。这节课我们就一起来研究一下,如何利用题目所给信息来确定有机物的结构,从而完成题目。		回忆、思考	明确本节课的主题。
环节 1	组织引导学生分析典型例题 1。【任务 1】①认真分析例题 1 中题目所给信息,找到你能够最先推出结构的 1～2 个物质,即"关键物质"。②"关键物质"是怎么推导出来的?师生共同分析、梳理"关键物质"的结构是如何推导出来的。		思考、分析、交流	引导学生有意识地思考从复杂的有机推断题中寻找突破口——推断"关键物质",然后从"关键物质"出发根据题目中的信息逐步推断出相关物质结构的路径和方法。加深学生对有机推断题中的断键、成键和物质转化的认识。

题目所给信息		关键物质结构
相对密度;燃烧定量关系	→	分子式
试剂、条件;局部转化关系	→	官能团名称
碳骨架;不饱和度	→	结构简式

教学环节	教师活动	学生活动	设计意图
环节1	③其他物质怎么推？ ④你又用了哪些方法？ 教师引导学生梳理从"关键物质"出发，利用正推法、逆推法推导题目中相关物质的结构的思路。	思考、分析、交流	
环节2	【任务2】补充、归纳、整理题给信息类型。 师生共同整理归纳例题中题目设问内容和所给信息间的联系。 补充、归纳、整理题目所给信息类型，引导学生将其与有机推断题核心问题——有机物的结构推断联系起来。 题给信息：组成（相对密度、燃烧定量关系、质谱、元素百分含量）→分子式；结构（碳骨架、不饱和度、同分异构体种数、立体结构、核磁共振氢谱、红外光谱）→官能团、结构简式、同分异构；性质变化（试剂、条件、物理性质、化学实验现象、陌生新反应、局部转化关系）→方程式、类型、条件。关键物质、反应、设问类型。	思考、讨论、交流、总结	引导学生将零散信息有效地、有序地聚集，提炼解题策略、方法。
环节3	【任务3】 分析、解答典型例题2，应用并体会有机物结构推断的思路和方法。	审题、推理、作答	应用解题策略和方法解题，巩固并反馈学生掌握情况。
环节4	课堂小结。	回忆、思考	体会收获，增强信心。
板书设计	有机综合推断题解题策略探讨 有机物结构的推断 题给信息⇒有机物结构⇒题目设问		

3.2.2 教学建议

对本节课而言，笔者认为有以下的亮点和不足。

(1)亮点

①本节课首先引导学生关注有机综合推断题中的"关键物质"，只有找到关键

物质，解题过程才能指向明确，不走弯路。

②整节课从"关键物质"的推导出发，通过例题引领学生梳理"题目所给信息"和"设问类型"分类，并建立起"题目所给信息"和"设问类型"之间的联系，从而逐步推断出相关物质结构，最终解答题目问题。

③问题是打开思维、唤起想象的钥匙。一切思维活动都是从问题开始的。没有问题的引领，学生就失去思维的方向。而好的问题的引领，将起到事半功倍的效果。本节课通过层次清晰、循序渐进的问题引导学生找到解决有机综合推断题的突破口，从而建立起"设问类型"和"题给信息"间的对应关系。

（2）不足

在有机综合推断题中，对新信息的解读和运用是解题的关键所在，如果信息解读不正确，将导致推断错误，如果不会运用信息，将导致失分。

本节课暴露出学生的重要缺陷，一是对新信息的准确解读能力不足，二是对有效信息的获取能力不足，这主要是前期教学中指导不到位造成的，这也导致了本节课例题起点较低。同时，尽管本节课关于有机综合推断题解题策略指导到位，但是部分学生在课后练习难度加大的时候，仍会出现无法顺利上手解决问题的情况。

4 研究的结论与反思

4.1 收获、经验

本次"有机综合推断题解题策略探讨"高端备课课例行动研究带给了笔者如下的收获。

4.1.1 对"有机综合推断题解题策略探讨"这节课的教学本身有收获

"有机综合推断题解题策略探讨"实际上是一节实用性的解题方法、策略指导课，其根本目的是解决学生拿到有机综合推断题后无从入手、不会解题的问题。

以往进行教学设计时，通常的做法是将近些年的经典例题进行梳理，通过分析、分类，引导学生从两个角度对有机推断题进行分类：第一，推断方法，即正推法、逆推法、正逆结合法；第二，题目是否出现陌生反应信息。按这样的分类方法把题目重新梳理，在梳理过程中，重点体会推断方法的应用，即什么情况下适合用哪种推断方法、怎么用；面对陌生反应信息时如何分析断键、成键，如何将框图中的物质代入陌生信息，从而推断出新物质。

在北师大高端备课专家指导下，笔者跳出了繁杂的高考题的束缚，站在制高点——"关键物质"看问题，迅速找准了切入点，即找到"题目所给信息"和"设问类型"之间的联系，从而顺利解决相关问题。可以说，这样的方法是适用于解答所有有机综合推断题的，我们交给了学生一把"金钥匙"！

4.1.2 对进行教学设计和实施涉及的各要素和系统有新的认识

有机综合推断题不仅能全面考查学生对有机化学基础知识的掌握情况，还能考查学生获取信息、筛选信息、加工信息的能力。

在选修 5 中，通过教师指导和学生的自主学习，学生可以从课本中获得一些最基本的信息，并由点到线（从官能团的性质到物质的转化）、由线成面（由物质间转化关系到形成知识网络图）、由面构体（由网络图挖掘如何从多角度多立体方向向有机物中引入官能团），最终形成无形的场（学生具备了利用信息去解决实际问题的能力，类似于"电场""磁场"是无形的，但又是确确实实存在的）。

由于学生认知水平、获取信息的能力存在差异，因此课堂中教师应善于提出问题、引导思维，让不同能力层次的学生都有展示自己分析过程的机会，通过学生间分析方案的对比、交流、评价等互动方式来自觉、有效地提升学生的化学信息素养。这样不仅能培养学生学会表达、倾听、反思的意识和能力，更能够把学生掌握的知识和获取的信息充分展示出来，使获取的新信息与学生认知结构中已有的知识信息建立联系。

在做审题指导时，教师要指导学生将陌生信息处理成熟悉信息、将抽象信息处理成具体信息、将潜隐信息处理成明显信息、将复杂信息处理成简单信息、将文字信息处理成符号信息，这样才能最终在处理有机综合推断题时顺利解决"题给信息"类别问题。

4.2 新的问题与下一步计划

思维方法是人们通过思维活动实现特定思维目的所凭借的途径、手段或办法。在日常教学中，教师应该注重一些重要思维方法的渗透，帮助学生形成较为系统的学习方法，使学生潜移默化地得到思维能力的提升。

有机综合推断题其实并不是高三的"专利",在高二学过有机化学后就已经有较简单的题目出现,此时教师就可以渗透关于"题目所给信息"和"设问类型"的分类以及它们之间的联系的相关指导,并在后续学习过程中不断补充完善。

"有机综合推断题解题策略"实际上是一个涉及面很广的课题,因为有机综合推断题本身具备了"较为全面地考查学生对有机知识的掌握情况、较为准确地反映学生对有机化学基础知识与理论应用能力的情况"的功能。所以,仅仅依靠高三总复习时的几节课很难真正解决问题。可以尝试从高二开始,设计成递进式的若干子课题,随着学生知识的不断丰富,能力的不断提升,最终形成一套较完整的体系。也只有这样,才能说是使学生掌握了"有机综合推断题解题策略"这把"金钥匙"。

(本章作者:王璠

高端备课指导专家:陈颖　尹博远

研究生助理:谷怡)

第 8 章　"原电池"教学行动研究报告

1　问题的提出

1.1　备课组自身的教研需求和教学困惑

　　石油分校高二化学选修阶段"原电池"的高端备课任务是在 2014 年提出的。此时石油分校化学教研组已与北师大高端备课项目组确定了"学科教研组基地建设"的合作意向。因此本次高端备课首先是任务驱动式的，同时，针对"原电池"这一重要的知识和经典的教学课，化学教研组有着自己明确的教研需求，具体来说有三个方面。一是教师不明确在选修课新授课中如何运用"电化学认识模型"。正如化学教研组组长刘军老师所说："上次我们的那个模型在用的时候比较困难，当时是一节复习课，而现在在新授课中怎么用好这一模型还没有考虑好。"在此之前，化学教研组已经进行过在高三复习课上运用电化学认识模型的高端备课研究。二是教师对如何从必修阶段的原电池"三要素"认识模型转变到选修阶段的认识模型存在困惑。教师们表示："我们在必修 2 没有用过这样一个模型，所以一下子给学生让学生自己去建立模型需要一定的时间，因此第一课时不知道怎么切入，后来我们也在想怎么在第一课时把'双液'模型引出来。"三是教师希望学生突破关于电池动力的原有认识，但对于如何去做和做到什么程度存在疑惑。

1.2　不同版本教材对高二"原电池"内容处理的差异

　　人教版、苏教版、鲁科版化学教科书反应原理模块均有原电池的内容，人教版放在第四章第一节；苏教版放在专题一第二单元；鲁科版则放在第一章第二节。三个版本的教科书对原电池内容处理的差异也是研究这一课题的起因之一。

首先在内容选取上，三个版本教科书都是选用铜锌原电池来讲原电池的原理，且都设置了探究活动。鲁科版教科书有从单液到双液的过渡，注重发展学生对于新知识盐桥的认识，其余两版教科书第一素材就是双液铜锌原电池的装置，此外人教版选用的装置示意图较为简单，没有标明溶液中的离子移动。对于电极反应式和总反应式书写的选择，鲁科版与其他两版差异较大，电极反应式中箭头取代等号，总反应式用化学方程式而非离子方程式。进一步对比知识点选取，可以发现对于新知识盐桥的概念，人教版正文的介绍是最多的，但是它对于什么是正极和负极没有给出明确的说法。纵向看，鲁科版涉及的知识是最多的，甚至提到了其余两版教科书没有涉及的原电池的表示式和原电池的原动力问题等，虽然没有放在正文，但是它的知识的深度和广度都在其他两版教科书之上，更重要的是鲁科版教科书区分了电极反应物和电极材料的概念，这更能解决学生的迷思概念，也是学生从必修到选修要转化的观点。

其次在内容组织和呈现上，三个版本教科书的内容组织有明显区别：人教版的课前引入的角度是氧化还原产生电流，而另外两版教科书是从能量转化的角度引入的；只有鲁科版教科书没有设置设计原电池的任务，但是人教版设计原电池较为简单，探究意识不明显，相反苏教版提供了情境素材，并要求画出示意图和写出电极反应式和电池反应方程式，能更全面地锻炼学生自主设计原电池的能力；人教版更关注盐桥的作用，虽然另外两版教科书也提到了，但只是粗略带过，鲁科版将其放到了资料在线栏目；对于化学电源这部分知识，人教版虽然有不同的电池原理的介绍，但是没有设置任何活动，苏教版通过问题解决栏目考查学生对于陌生反应的电极反应式和电池总反应方程式的书写，鲁科版教科书设置了交流研讨栏目考查学生对于氢氧燃料电池的认识。

三个版本教科书内容的呈现都遵循学生的学习规律和心理特点，设置了大量的栏目和图片，尤其是鲁科版教科书，而且都很注重渗透 STS 教学理念。例如，人教版有关于微型燃料电池的科学视野栏目，苏教版有关于燃料电池的资料卡栏目，鲁科版有关于利用太阳能分解水制氢气的化学前沿栏目，将关于原电池学习的知识始终和科学、社会、生活联系在一起。

我们注意到在内容选取、组织和呈现上，人教版、鲁科版和苏教版对这部分内容处理的不同，这种不同也必然导致在教学内容的处理上需要进行慎重的处理和选择。

1.3 学生选修阶段学习"原电池"的常见问题

通过必修 2 原电池相关知识的学习，学生对于原电池的本质有了初步的认识，知道原电池的本质是自发的氧化还原反应；能够从单液铜锌原电池模型的构造出发，推导出构成原电池的三个基本要素；对于化学能转化为电能的原理、化学电源的分类有了初步的认识。

与此同时，学生也可能存在如下的认识障碍和发展点。

首先，学生已有的关于氧化还原反应的认识会直接影响原电池的学习。例如，学生可能认为氧化剂和还原剂只有直接接触才可能发生反应，学生可能对于氧化剂和还原剂得失电子的关系认识还不清晰等。

其次，学生对原电池构成要素存在偏差认识。具体来说，第一是对正负极的理解，学生不区分电极和电极材料，即不会区分发生电极反应的物质和场所。需要让学生认识到构成电池的电极有两个作用：一是它是重要的电极反应物，它能提供电势差；二是它是电极反应场所，相当于电子得失场所。学生需要认识到电极反应物必须是得失电子的物质，得失电子的物质才能充当电极反应物，有些电极反应物可以充当自己得失电子的场所。第二是对电解质溶液的认识。很多学生高一学完之后，并不清楚为什么要用电解质，电解质实质的作用是提供离子导体，那么为什么要有离子导体呢？因为要构成闭合回路，这才能把电解质本身的事情说清楚。

最后，学生对电极和电解质之间的关系的认识。学生在学完必修原电池之后对于电解质是否必须要作为正极反应物是存疑的。离子导体的认识还停留在单液铜锌原电池的离子导体上。一是认为全部都要是电解质溶液。二是认为电解质溶液充当正极反应物参与反应，选修阶段需要让学生更加清楚地了解到电解质是否必须要充当电极反应物。三是当学习了盐桥以后，学生会认为硫酸铜中的铜离子会沿着盐桥移动过去，因为受到单液电池的诱导，会认为离子必须彻底移动到两极，所以很难理解离子之间的传递不是离子自己传递，而是电荷的传递。这一点其实也是盐桥的一个教学功能。

2 研究的理论依据

2.1 核心概念界定

电化学认识模型构成如图 1-6 所示。原理维度以氧化还原反应为基础，包括电极反应物、电极产物、反应过程，同时包含可观测量，即反应现象；装置维度包括原电池或电解池里面的所有装置要素，即失电子场所(负极材料)、电子导体(导线)、离子导体(电解质溶液或盐桥)、得电子场所(正极材料)

电化学认识模型是王磊教授高端备课团队提出的。电化学认识模型将"原电池"或"电解池"作为认识对象，从原理和装置两个维度认识对象本体，并通过分析和设计任务维度来对教学实施影响。该认识模型中电极反应物/产物、得失电子场所、离子导体、电子导体是原电池的四大构成要素。原理维度逐渐由现象到过程再到电极产物和电极反应物是逐步趋近于微观的视角，装置维度将得失电子场所(电极材料)、电子导体、离子导体作为基本要素。在装置和原理构成的二维图中，学生可以清楚地标示原电池中电荷构成回路的移动方向和原理。

石油分校化学教研组课例行动研究的主旨是转变学生的学习方式，主要是指以认识方式为核心的学习方式转变、思维方式转变。对于电化学主题，希望学生建立起来的科学合理的思维方式是基于上述认识模型的。明确这一点以后，首先就需要考虑学生在进入高二化学学习之前的起点，即他们对电化学的认识方式是什么，帮助学生从模糊、混乱的认识方式发展到更加清楚、合理的认识方式。如果原来的认识方式是单点和孤立的，就需要转化成多要素和系统的，这就是学习方式改变的一种具体做法。然后考虑用什么样的策略，怎样设计，才真正能够实现学生学习方式的改变，最后进行评估。

2.2 已有研究综述

以"原电池"为关键词在维普中文期刊数据库进行基本检索，主要关注《化学教育》《化学教学》《中学化学教学参考》这三种期刊，将 2010—2017 年发表的文章进行统计，可以发现这几年关于中学教学中原电池的研究大概可以分为四类，分别是教学设计、实验教学、学情分析和教学评价。

2.2.1　关于教学设计研究的文献

通过比较可以发现，不同的教学设计所突出的教学理念不同。有的教学设计基于知识讲授，如刘美丽的《原电池的工作原理教学设计》；有的强调科学探究，如周倩、李胜容、李先栓等人设计了以科学探究为主线的教学设计；有的基于学生的认知发展进行教学设计，如杭伟华等人所做的基于教材"螺旋式上升"编写理念的教学设计研究。还有一类是基于观念建构的教学设计，可以发现主要有能量观、微粒观，特点是有清楚的贯穿整堂课的主线。例如，杨德红等人提出从氧化还原的本质(电子转移)出发设计一系列问题，层层递进，统领教学；徐敏等人从能量化、功能化的角度帮助学生建构原电池的认识模型。

对于教学环节，文献大多是先创设情境、提出问题，再设计实验、探究问题，最后反思深化或者理论拓展。对于新课的引入大多采用创设情境再引入问题，如李胜容和杭伟华等人提出在必修阶段用"牙医给牙病患者治病"的故事引入新课。选修阶段的教学设计关注学生的知识起点和认知发展，如张秀丹等人为了知识更好地衔接进行了知识相异构想的调查，从而针对性地引导学生进行探究学习，完成从旧知识到新知识的递进。对于新课中素材的选择，必修与选修有所不同，选修的素材选择基本相同，即 $Zn—ZnSO_4—Cu—CuSO_4$ 双液原电池；而必修的素材多种多样，并不局限于 $Zn—Cu—H_2SO_4$ 单液原电池，如徐敏等人的教学设计中选取的是 $H_2—Cl_2—NaCl$ 单液原电池；周倩等人的教学设计中选取的素材是 $Fe—Cu—H_2SO_4$ 单液原电池。

2.2.2　关于实验教学研究的文献

研究原电池实验教学中问题的文献大概有两个方面，一个是关于实验改进，一个是关于原电池实验过程中产生的问题的分析。通过整理文献可以发现，虽然都是对原电池进行实验装置上的改进，但是由于目的不同，创新点也各有不同。改进种类大致可以分为微型化改进、高效化改进、绿色化改进、趣味化改进、针对性改进和定量研究型改进(如陈博殷和盛晓婧分别利用数字化手持技术定量研究了金属腐蚀速率与电流和温度的关系)。文献中选择改进的地方也有共性。例如，对于铜锌原电池的改进都倾向于突破传统原电池的实验方式，向微型、趣味型、方便型改进，而且多尝试将其设计成在滤纸上完成的实验；还有针对盐桥的改进，一类是将原始盐桥替换成滤纸、半透膜，另一类是对盐桥中的物质进行改良，如使用淀粉凝胶型盐桥。而对于实验中发现的问题的研究，关注最多的是对单液铜锌原电池中锌片有气泡的解释。

2.2.3 关于学情分析研究的文献

基于原电池的学情分析的文献涉及的内容非常广泛，有的分析了教材和课标，有的提出了相应的教学策略，但有一个共同特点是都提及了原电池学习过程中的一些问题，学生对原电池的认识问题，可总结为对于原电池本质（氧化还原反应）的理解、对于原电池构成条件的全面理解、对于电子和离子移动的理解、对于原电池产生电流的持续性的理解以及对于能量转化的理解五个方面。

2.2.4 关于教学评价研究的文献

这类文献较少，典型的是尹求元和何亚璋的《基于出声思维技术的普通高中学生原电池原理认知水平初探》：利用出声思维技术对 30 名普通高中高一学生在经过必修模块"原电池原理"学习后的认知水平进行了测查，真实反映出了学生的学习状况，从而提出教学策略。还有就是武春娟等人的《新课改前后化学课堂互动的差异分析——以"原电池"教学为例》：运用弗兰德斯互动分析系统发现新课改前后的课堂教学中，师生角色、教学活动方式和教学环境等方面都发生了显著的变化，体现了新课改的初步成效。

还有一类文章比较特殊，它的特点是以原电池为例讲述一个教学中通用的教学理念或者教学方法等，如李闻霞的《利用预测和实验的冲突促进探究学习——"原电池的工作原理"课例分析》和李玲等人的《中学生实验图式的建构——以原电池形成条件实验为例》。

通过对已有文献进行分析，我们发现基于认识模型并同时能够突破学生相应迷思概念的教学并不多，这也是本次高端备课教学行动研究着力想要突破的地方。

3 行动方案的实施与改进

3.1 选修"原电池"高端备课改进历程

本次高端备课课题是高中化学选修"原电池"，由石油分校化学教研组肖岚、王昕和刘双九三位教师分别承担课时 1、课时 2、课时 3 的授课任务。整个过程经历了备课研讨、试讲和正式讲三个阶段。三位教师对于原电池教学进行再研究主要是为了解决新授课运用原电池认识模型以及转变学生从三要素到四要素认识原电池构成的问题。

3.1.1　第一阶段：备课研讨

我们本次的"原电池"高端备课是在之前复习课高端备课的基础上，提出新授课的问题，同时也进一步解决教师在教学过程中对原电池认识模型的使用问题，包括对于原电池三要素构成和目前的认识模型的关系存在的困惑，同时也想突破学生关于原电池常见的一些易错点。通过备课研讨，我们在以下三个方面有了进一步的观念上的明确。

首先，重新深刻认识了关于原电池的学科本质。王磊教授在备课研讨中帮我们进一步认识了电池的本质，即先从更高位的本质来讲，原电池有电流产生，就要有定向移动的电子。如果能够出现定向移动的电子，必须满足什么条件？这个时候应该会有两个路径，一是按照物理产生的条件，必须有电势差，必须形成闭合回路；二是因为有电子流出，就会想到有电子转移的化学反应，这是第一步想法，是一个更加根本的前提。所以按照这个逻辑，要产生电流，必须要有电势差和闭合回路。接下来的推理路径应该是，电势差由谁来提供？什么样的体系可以提供电势差？同种溶质的浓度差可以提供电势差，这就是浓差电池，即有电子的转移。因为有电子得失趋势的差异，构成了两极，具备了电势差，所以需要有电势差不同的两个电极，这个靠什么来满足？从电化学的本质上讲，是氧化剂和还原剂。这是用化学的观点去满足电势差。也可以选择不是化学的体系，可以靠位差，比如水，可以形成压差，那我们就解决了刚才的那个问题。也就是说电势差更具有统摄性，电势差是一个更加本质的条件，它包括氧化还原反应体系，也包括其他的能够提供电势差的体系。当把氧化还原反应和电势差对应起来看，我们之所以要找一个自发的氧化还原反应作为原电池的构成条件，就是因为它能够提供电势差。由此推理可知，我们需要寻找两个电势差大的电极去做电极反应物。所以化学家的观点就是，要利用氧化还原反应来提供电势差，这大大拓展了传统提供电势差的途径和方法。第二个关键问题是闭合回路，因为没有闭合回路，就不能定向移动，就没有办法导出电流。我们知道外电路是电子的移动，内电路是离子的移动，内外电路都要构成闭合回路。比如，锌板失去的电子，沿着外电路，移动到铜板上，等于是铜板上多了很多电子，所以需要有物质在铜板上获得电子，就是这样一个过程构成了闭合回路。

其次，了解了原电池的认识模型对于转变学生迷思概念的意义及其与三要素构成的关系。备课研讨前，教师自身对于高端备课团队提供的认识模型存有疑惑，一方面担心高二新授课运用这一模型会与学生在高一必修阶段学到的原电池的三大构成要素相冲突，或者说增加了学生的认知负荷；另一方面对认识模型本身缺乏足够深入的了解。王磊教授在备课研讨中就帮助我们厘清三要素构成与原电池认识模型的关系，并进而认识了学生的一些迷思概念。王磊教授认为，原电池是一个复杂体系，没有电极反应物，没有得失电子的物质，根本不可能有电势差，同时它还不是一个接触性的氧化还原反应，必须分开进行，而且必须有分开进行的场所。因此电极反应物和电极反应场所是不一样的，两者分开说是为了说清楚电势差是怎么形成的，闭合回路是怎么形成的。关于三要素和四要素的关系，一是三要素里面的电极是一个模糊的概念，它把电极反应场所和电极反应物混淆了，电极反应物和电极反应场所不加以区分。二是传统三要素里面的电解质，它的概括是有限的概括，因为能够当离子导体的不只有电解质溶液，它可以是熔融的，也可以是离子膜，还可以是很多种形态的，电解质溶液仅仅是离子导体的一种，因为它缩小了离子导体的范畴，所以容易产生迷思概念。学生脑子里只有单液铜锌原电池，因此不只是电极反应物和电极反应场所不加以区分，学生还会认为金属要作为电极反应物，电解质要参与电极反应，学生理解双液电池也会有困难，因为他们会疑惑电解质溶液怎么不参加反应。因此要在高二第一课时建立四要素模型，否则这些偏差认识和迷思概念很难系统转变。加上盐桥也是为了提高学生对于离子导体的认识，加深对于离子运动的过程的深入理解。

最后，定位了教学研究每课时的基本任务。本次备课研讨最重要的是为高二选修原电池进行新授课设计，基于石油分校学生实际学情，确定了课时量以及每个课时应该承担的基本任务。石油分校学生的学习基础较为薄弱，对原电池不仅存在迷思概念，对于原电池的动力问题也认识模糊。基于这样一种情况，在和高端备课团队的研讨中，教师逐步清楚了三个课时的备课量，以原电池的构成要素为切入点，首先基于铜锌原电池及其构成要素的多样替换和氢氧燃料电池逐步层层突破学生关于电极和电解池的迷思概念，并基于此建构认识模型。其次通过双液电池和氢氧燃料电池一方面继续突破学生关于电解池的迷思概念来完善认识模型，另一方面解决学生关于原电池动力的认识问题。对这部分内容，王磊教授曾建议首先通过让学生经历一个远迁移，自主架构一个闭合回路并去系统分析整个回路中电流是怎么形成和运动的，然后再进行微观解释和实物分析，最后让学生反思自己原有的三要素认识，经历一个完整的概念转变过程。课时 3 让学生经历一个设计任务的过程，主要是需要让学生对构成要素的认识形成一种认识思路。即先找到氧化还原反应，再把氧化还原反应拆分成得失电子的物质，然后再去找得失电子的场所，找离子导体，找电子流经的路线，然后就形成了一个有电流产生的装置。

　　这里需要反思的是，以上的认识均是在反复学习高端备课团队研讨录像后得到的完整认识，在备课研讨后及试讲之前理解可能还是比较片面。这也导致在接下来的试讲和正式讲中会出现各种偏差。在备课研讨后，我们教师内部形成的结论是：三个课时构建认识模型，认识双液电池，设计原电池。如表 8-1 所示。

表 8-1　备课研讨阶段

备课研讨前	备课研讨后
课型：原电池复习课。	课型：新授课。 　　第一节课：建立原电池认识模型，突破关于电极概念的迷思。第二节课：应用原电池认识模型，分析双液电池，突破关于电解质溶液的迷思。第三节课：应用原电池认识模型，设计制作新的原电池。
教学环节： 　　任务 1：如果请你开发设计一个原电池，你会怎么做？——开发设计原电池，构建原电池的分析模型。 外电路　　　　宏观现象 内电路　　　　微粒运动 正极　　　　　还原反应 负极　　　　　氧化反应 　　装置　　　原理 　　　　原电池 　　任务 2：利用反应 $2H_2+O_2=2H_2O$ 设计原电池，画出装置图。——深入认识原电池的分析模型。	教学环节： 　　目标：基于原电池的认识模型探查并转变学生关于原电池构成要素的认识。 　　课时 1：用铜锌原电池、氢氧燃料电池澄清学生关于电极、电解质溶液的认识。 　　任务 1：用铜锌原电池分析构成原电池的核心要素——你认为的电极是什么？谁是电极？实际上负极是怎么构成的？电解质有什么作用？铜锌原电池的电极和电解质溶液可以如何进行变换？——突破迷思概念同时建构原电池认识模型。 　　任务 2：用氢氧燃料电池分析电解质和电极反应物之间的关系，是不是电解质必须要作为正极反应物？——突破迷思概念继续建构原电池认识模型。

续表

备课研讨前	备课研讨后
任务 3：小组讨论，分析甲醇燃料电池的资料，你能获得什么信息？得出哪些推论？如果你是出题人，你能设计出哪些问题？ 最后展示空间站供电系统示意图，引出分析电解过程也能够用这个模型。下节课，教师上课的时候可以直接给出来这个模型，再分析电解。	课时 2：用双液电池、氢氧燃料电池澄清学生关于电解质溶液、电池动力的认识。 任务 1：单液电池中硫酸和硫酸铜除了作为电解质溶液形成闭合回路之外还有什么作用？使用中会有什么不好的地方？ 课时 3：设计原电池。

3.1.2 第二阶段：试讲

整个试讲阶段，教师在大的教学任务环节中遵照了备课研讨的思路，但是在教学实施过程中主要就两个问题进行了纠正。一是促进学生参与课堂活动的问题。这是课时 1 和课时 3 的共性问题。课时 1 表现为没有学生参与的实践活动，缺乏原电池实物图和微观图导致学生观察失去了载体。课时 3 表现为完成了设计的任务，未让学生参与制作原电池，有种意犹未尽的感觉。二是对认识模型的使用的问题。课时 1 采取了直接讲解认识模型的形式，课时 2 则将重点放在了离子导体及盐桥的知识上，忽视了认识模型在双液电池中的发展。

下面主要以课时 1 出现的问题为例来进行分析。在课时 1 的教学过程中，主要是在任务 1 上出现了两个比较典型的偏差，一是教师讲解多而学生参与不够。从深层反思这个问题，反映出的是教师对提问逻辑的把控。提问逻辑把控不良会直接导致师生对话效率的降低，也就自然会缺少突破学生迷思概念的机会。二是教师对认识模型的教学建构不容易实现。

首先是教师提问逻辑的把控问题。从时间分配上来看，这一个任务共用时 20 分钟，其中仅有两个学生单独起来回答问题，用时约 2 分钟。不难看出，整个过程依然是教师讲解为主，除提问外几乎没有其他学生活动。整个讲解环节在两个主要问题(解释电流的产生和分析装置各部分的作用)的推动下，教师将任务 1 拆解为 5 个阶段：阶段 1 解释原电池产生电流的原理；阶段 2 提问构成要素有哪些；阶段 3 分析各构成要素的作用(正极铜的作用、负极锌的作用、硫酸铜溶液的作用)；阶段 4 分析替换各构成部分；阶段 5 讲解原电池认识模型(两维度—四要素—八要素—示例—意义和价值)。在一级任务拆解上，初看，任务推进的逻辑基本符合学生认知发展逻辑。但仔细思考会发现，这种横断面的拆解恰恰会让学生难以形成一个一以贯之的思路，即从某一个构成要素（如锌）是负极开始认识，此时它承担电极反应物和电极材料两种作用，并进而预测其可以替换为其他电极反应物和电极材料，而这种电极反应物就是反应原理维度中的还原剂，而作为装置维度的负极材料可以由其他可导电的物质替换。也就是说难以形成基于认识模型动态转变的系统认识。问题过于指向知识而不是学生认识思路的形成，认识因此被碎片化了。具体见表8-2。

表8-2　试讲片段

内容	试讲片段
课时1： 任务1：分析铜锌原电池，该装置能产生电流吗？你的依据是什么？ 【讨论】请分析装置中铜片、锌片、硫酸铜溶液及导线的作用。 时间：20分钟。	师问：阶段1这个原电池的工作原理是什么？它是怎样产生电流的？ 生答：我觉得正极反应错了。应该是铜离子得电子生成铜。 师讲：阶段2中有电子的转移。在哪个位置有电子的转移？从锌到铜有电子的转移，产生电流。还有吗？他说正极是锌，负极是铜。同意吗？哦，正极是铜，负极是锌。那铜离子是哪里来的？硫酸铜溶液。那硫酸铜溶液在这里的作用是什么？提供铜离子参加反应。还有吗？（介绍构成要素） 阶段3：既然我们都认为这是一个原电池，那我们一起来分析它各部分的作用……铜片在这里的作用就是提供一个得电子的地方，铜离子在这里得电子，所以我们可以把它叫作得电子场所，也就是我们所说的正极。锌片是什么作用……还有一个，就是它本身也做负极反应物。那硫酸铜溶液的作用呢？正极反应物，得电子。那还有别的功能吗……好，这是各部分的作用。 阶段4：为了了解它的作用，以后我们来考虑各个部分能不能换…… 阶段5：分析完了这个铜锌原电池，我们来一起构建一个电化学的认识问题模型。这个模型我们今天分两个维度。一个叫原理维度，一个叫装置维度……有了这四个要素，它们就可以构成一个闭合回路。对于原理维度……这八个要素之间，它们彼此之间也是有关联的……这是我们依据铜锌原电池构建的模型……在以后的应用过程中，我们再来慢慢地学习这个模型。

另一个反映教师提问逻辑把控的问题表现为教师提问与回答不匹配。具体可见表8-3。

表 8-3 教师的提问及其对问题的阐述示例 1

教师的问题	教师对问题的阐释
1：下面就需要我们解释一下这个原电池，它的工作原理是什么？它是怎样产生电流的？	还有补充吗？有电子的转移。在哪个位置有电子的转移？从锌到铜有电子的转移，产生电流。还有吗？他说正极是锌，负极是铜。同意吗？哦，正极是铜，负极是锌。那铜离子是哪里来的？硫酸铜溶液。那硫酸铜溶液在这里的作用是什么？提供铜离子参加反应。还有吗？

上面的教师提问与教师对这个问题的阐述显然是不匹配的。因为阐述几乎不对应所提出的问题，阐述的内容实际上只是点明了学生关于原电池构成要素的三要素认识，而没有回答原电池工作原理即电流产生的问题。这里还比较典型地反映出教学过程中提问之后需要进行规范落实性讲解的问题。

教师提问逻辑把控的问题还表现为教师的提问和对问题的阐述还容易产生逻辑混乱的现象，见表 8-4。

表 8-4 教师的提问及其对问题的阐述示例 2

教师的问题	教师对问题的阐释
2：既然我们都认为这是一个原电池，那我们一起来分析它各部分的作用。	大家说它是正极，那还有别的作用吗？还可以换成别的材料吗？比如说碳。为什么可以换成石墨？它可以导电。那么也就是说，铜片在这里的作用就是提供一个得电子的地方？是铜离子在这里得电子。所以我们可以把它叫得电子场所，也就是我们所说的正极。然后锌片有什么作用？失电子场所……还有一个，就是它本身也做负极反应物。那硫酸铜溶液的作用呢？正极反应物，得电子。那还有别的功能吗？提供一个离子转移的介质，在内电路中是离子的定向移动。所以呢，它还是离子移动的通道。一个是正极反应物，还有就是提供离子转移的介质也就是离子转移的通道，所以电解质溶液的另一个功能是充当离子导体。而导线是电子导体。那么离子导体、电子导体以及得失电子的场所构成了这样一个闭合回路。好，这是各部分的作用。了解到它的作用，以后我们来考虑各个部分能不能换。刚才同学说了，铜片可以换成石墨。因为它不参加反应，只要能提供得电子场所就可以了。锌片可不可以换？铁。那么替换成铁的话，依然可以构成原电池，但是咱们这个反应就变了吧。原来我们这个电池的反应是锌失去电子给了铜离子，变成铁的话它就变了。还可以换成别的吗？锌除了换成铁，还可以换成别的吗？有的同学说要换成活动性比较强的金属，那一定是活动性比较强的金属才行吗？才能充当负极吗？负极材料一定是活泼金属吗？这个问题以后再说。那硫酸铜溶液可以变吗？可以换吗？换成硫酸行不行？硫酸可以充当离子导体吗？可以。可以充当正极反应物吗？硫酸中的谁来充当正极反应物？哦，对，氢离子。反应变了，但是依然可以做原电池。

对于原电池的各构成要素进行替换的讨论是对原电池各部分功能认识的深化。这就需要考虑分析构成要素功能的问题处理的顺序。针对各部分，教师都可以先问作用然后让学生预测可以如何替换，而不应该出现先问铜的作用之后问了替换，在讲锌和硫酸铜溶液时就只问作用而不谈替换，最后又统一重复讨论替换。且需要注意不能为了讨论替换而讨论替换，讨论替换是为了加深对构成要素的功能的认识，因此需要问学生进行替换的思考依据。同时也要注意，提问不能碎片化。教师需要提出能够激发学生认识发展的问题。问题要有清晰的层次和明确的逻辑，有问要有答。

此段教学的第二个重要教学实施偏差是关于认识模型的教学建构问题。从教学第 11 分钟起，教师开始讲解原电池的认识模型，共用时 10 分钟。此时教师将认识模型作为一个知识进行详细的说明和讲解。而从学生的学习结果来看，学生对模型没有多少印象。这也比较典型地反映了教师在运用认识模型上的困惑。其实教师面临着一个需要在课堂上帮学生建立模型的问题。模型应该匹配学生的活动和在教师给学生的问题中逐步生成，而不是将之变为一个新的知识点来进行讲授。在认识模型生成的过程中，就原电池而言，按照授课逻辑，需要先解决电流的产生问题，此时实际上涉及氧化还原反应的原理维度和反应发生场所的装置维度。然后解决各构成要素的作用问题，实际上就是边对话各要素的作用，边生成电极反应物、电极材料、电子导体、离子导体四个原理维度上要素的认定，从而整个关联形成电子流动完整回路的过程。接下来讨论替换各构成要素也是通过与学生对话对学生的迷思概念进行纠偏，同时再次感受几大要素更广泛意义上的功能价值，最后用认识模型再次认识氢氧燃料电池。

3.1.3 第三阶段：正式讲

正式讲较试讲而言，学生明显能够更加投入地跟随着教师的思路分析和解决问题。学生参与度的提高，也进一步激发了教师的教学热情和反思力度。正式讲后，高端备课团队与三位授课教师再次进行了课堂教学改进的交流，主要围绕每节课的教学目标再次精准定位，同时基于五线索讨论教学过程的推进，包括五线索之间的横向匹配和纵向上问题线索推进的精致化。讨论过程中，教师关于认识模型的理解更加深刻了，同时关于学生活动的设计有了更多的思考，特别是能够反思到需要更多地设计学生能够参与实践的活动，前期学生关于氧化还原的认识直接影响目前原电池的学习，等等。教学思路在一定程度上真正被疏通和打开了。具体见表 8-5。

表 8-5　正式讲及正式讲后对三个课时的建议

正式讲	正式讲后研讨
课时 1： 　活动 1：观察教师提供的图片，判断该装置能产生电流吗？你的依据是什么？ 　【讨论】请分析装置中锌片、铜片、硫酸铜溶液及导线的作用。 　活动 2：观察教师提供的图片，判断该装置能产生电流吗？你的依据是什么？ 　【讨论】请分析装置中氢气、氧气、硫酸钾溶液、碳棒及导线的作用。	对课时 1 的建议： 关于教学目标 　知识目标：①让学生知道原电池的构成要素，以及每个构成要素的功能；②让学生知道原电池的工作原理；③会写简单的电极反应方程式。 　能力目标：①建构原电池的认识模型，这是核心能力目标；②破解学生关于电极、电解质溶液的迷思概念；③了解分析工作原理的思路。 关于教学过程 　素材：燃料电池、铜锌原电池。 　任务：判断、解释、分析。 　问题：解释电流产生的原因的时候，问题和分析均需要点明分析思路的起点并注意推进的逻辑。同时需要再次强化氧化还原的分析思路。
课时 2： 　活动 3：体验原电池，观察现象。 　①你们预期的实验现象是什么？观察到的实验现象还有什么？实验现象与你们的预期一样吗？分析问题出现的原因。 　②解决问题的思路和方案是什么？所遇问题是否解决？ 　③左右烧杯中各发生了什么反应？ 　④盐桥的作用是什么？ 　活动 4：学以致用，分析探究。 　请在仔细观察、分析装置图的基础上构建认识模型，并写出此反应的反应方程式。 　活动 5：学以致用，再辨燃料电池。 　①请写出相应反应模型的电极反应方程式及总反应方程式。 　②小组内交流，互学互促，完成学案。	对课时 2 的建议： 关于教学目标 　知识目标：①认识盐桥，知道盐桥的应用意义和作用，知道双液电池和单液电池的区别；②会书写电极反应方程式。 　能力目标：①丰富原电池的认识模型；②破解学生关于电解质溶液、盐桥的迷思概念。 关于教学过程 　素材：燃料电池、铜锌原电池。 　任务：预测、分析。 　问题：继续加强师生基于认识模型的对话。
课时 3： 　引入：设计原电池的思路是什么？你的灵感从哪里来？说说你是怎么想的。	对课时 3 的建议： 关于教学目标 　知识目标：理解并应用原电池的认识模型。

续表

正式讲	正式讲后研讨
活动 6：学以致用，设计实验。 请在构建知识模型的基础上，用氧化还原反应 $2Fe^{3+}+2I^-\Longrightarrow2Fe^{2+}+I_2$ 设计一个原电池，画出装置图。 活动 7：学以致用，设计实验。 请在构建知识模型的基础上，用氧化还原反应 $CH_4+2O_2\Longrightarrow CO_2+2H_2O$ 设计一个原电池，画出装置图。	能力目标：设计和制作原电池。 关于教学过程 任务：设计、制作。 问题：逐渐引导学生关注问题解决的思路并外显。
对三个课时的整体建议： 明确教学目标为：建构原电池认识模型，应用原电池认识模型。	

3.2 选修"原电池"正式讲

3.2.1 教学设计

课时 1 的教学设计见表 8-6。

表 8-6 课时 1 的教学设计

授课教师	肖岚	学校	石油分校
本教学设计属于：原始教学设计( ) 试讲教学设计( ) 正式讲教学设计(√)			

教学目标	1. 知识与技能 构建电化学认识本体模型。 2. 过程与方法 ①通过分析铜—锌—硫酸铜原电池，构建电化学认识本体模型。 ②通过分析氢—氧—硫酸钾原电池，体会电化学认识本体模型的价值。 ③通过对上述两个素材的分析，发展学生对装置维度中电极和电解质溶液的认识。 3. 情感、态度与价值观 ①通过构建原电池的分析模型，培养学生透过现象看本质的思维品质。 ②通过分析原电池的分析模型中各要素的作用及相互关系，进一步加深学生对微粒观的认识。
教学内容分析	1. 在课程与教材中的地位 电化学是研究化学能与电能相互转换的装置、过程、效率的科学，它的应用十分广泛，由其形成的工业也很多，如电解、电镀、电冶金、电池制造等。本章包括原电池、化学电源、电解池、金属的电化学腐蚀与防护四部分内容。本章知识有利于学生了解电化学反应所遵循的规律，知道电化学知识在生产、生活和科学研究中的作用，有利于学生激发探索化学反应原理的兴趣，树立学习和研究化学的志向。 2. 知识内容结构 3. 核心知识的功能价值

续表

学生情况分析	1. 知识基础 　　了解原电池、电解池的工作原理,能写出电极反应和电池反应方程式,对化学能与电能相互转化的实际意义及其重要应用有所认识。 2. 学生认识发展点与障碍点		
	学生知识储备和能力		学生可能出现的问题及解决方法
	通过必修模块的学习,学生了解了原电池的工作原理,能写出简单的原电池电极反应和电池反应方程式,对化学能与电能相互转化的实际意义及其重要应用有了一定的认识。		对于简单的铜锌原电池装置模型中各个部分的作用的认识很不全面。 通过素材一、二加以澄清。

教学关键问题	①构建原电池的分析模型。 ②发展学生对于装置维度中电极和电解质溶液的认识。

教学过程设计

知识线索	学生认识发展线索	问题线索	活动线索	教师讲述线索	情境素材证据线索
铜—锌—硫酸铜原电池工作原理。	判断装置能否产生电流,如何产生电流,分析各要素的功能与联系,构建认识模型。	装置能否产生电流,如何产生电流,各要素的功能是什么,能否替换。	铜—锌—硫酸铜原电池工作原理分析。	如何产生电流,各要素的功能与联系,构建认识模型。	铜—锌—硫酸铜原电池。
氢—氧—硫酸钾原电池工作原理。	电极材料不一定是活动性不同的金属,可以同为惰性材料。电解质溶液不一定充当电极反应物。	装置能否产生电流,如何产生电流,各要素的功能是什么,能否替换。	氢—氧—硫酸钾原电池工作原理分析。	如何产生电流,各要素的功能与联系。	氢—氧—硫酸钾原电池。

教学设计			
教学环节	教师活动	学生活动	设计意图
环节1 铜—锌—硫酸铜原电池工作原理的分析	分析图片： 判断该装置能否产生电流，依据是什么？	【判断】该装置能产生电流。 在装置图中标出电流方向、电子移动方向、离子运动方向。 写出电极反应方程式、总反应方程式。 将上述分析结果通过实物投影仪展示并进行交流，描述该电池的工作原理。	使学生已有的对于原电池的认识外显，使其中不准确、不正确的部分暴露出来。 构建模型的原理维度。
	【追问】 1. 装置中锌片的作用是什么？ 负极的功能就是提供一个失电子的地方，所以我们也可以把负极叫失电子场所。 2. 装置中铜片的作用是什么？ 正极的功能就是提供一个得电子的地方，所以我们也可以把正极叫得电子场所。 3. 硫酸铜溶液的作用是什么？ 电解质溶液还有一个重要的功能就是提供离子移动的通路，即充当离子导体，从而构成闭合回路。 4. 导线的作用是什么？ 充当电子导体，从而构成闭合回路。	【回答】 既是负极反应物，又是负极。 只是做正极。 铜离子是正极反应物。 导电。	发展对电极的认识。 发展对电解质溶液的认识。 构建模型的装置维度。
	【启发】上述装置中， 1. 锌片可以换成其他材料吗？ 2. 铜片可以换成其他材料吗？	如换成铁等比铜活泼的金属，仍能产生电流，但换后反应就变了。 可以。因为它的作用就是充当得电子场所，所以，活动性不如锌的金属或惰性电极如石墨、铂都行。	巩固对电极、电解质溶液的认识。

环节1 铜—锌—硫酸铜原电池工作原理的分析	3. 硫酸铜溶液可以换吗？ 【小结】两个维度相互依存，八个要素相互关联。	可以，如氯化铜溶液、硝酸铜溶液均可。	加深对模型的理解。
环节2 氢—氧—硫酸钾原电池工作原理的分析	分析图片，判断该装置能否产生电流，依据是什么？ 石墨　　石墨 通入H₂　　←通入O₂ ——K₂SO₄溶液 【播放录像】氢氧燃料电池演示。	【判断】能产生电流。 观看录像、思考分析、交流：负极的电极反应物氢气在失电子场所(即负极)失电子变成氢离子，导线充当电子导体，负极反应物氢气失的电子经导线流向正极，正极的电极反应物氧气在得电子场所(即正极)得电子并结合水分子变成氢氧根离子。硫酸钾溶液(即电解质溶液)充当离子导体，提供离子移动的通路——阳离子向正极移动，阴离子向负极移动。在这个过程中就产生了电流，电流从正极流向负极。	通过分析体会模型的价值。 使学生正确理解燃料电池的工作原理。
	【追问】上述装置中， 1. 碳棒可以换成其他材料吗？ 2. 硫酸钾溶液可以换吗？ 【总结】本节课构建了电化学认识本体模型，并澄清了一些概念。 1. 电极有两大功能：第一，充当得失电子的场所，这是所有电极共有的功能。第二，作为电极反应物，这是某些电极具有的功能，如铜—锌—硫酸铜原电池中的负极。	可以，能充当得失电子场所(即能导电)的材料都可以。 可以，能充当离子导体即可。比如，可以换成稀硫酸或氢氧化钾溶液，但后续反应会变。 倾听、思考、反思。	进一步发展对于电极、电解质溶液的认识。 总结本节课的主要收获，引发学生对后续学习的期待。

环节2 氢—氧— 硫酸钾原 电池工作 原理的 分析	2. 电极材料不一定必须是活动性不同的金属,比如氢氧燃料电池,正、负极材料可以都是碳棒,或者都是铂。 　3. 导线的作用是充当电子导体,电解质溶液的作用是充当离子导体,有时电解质溶液还会充当正极反应物。 【引申】在实际应用中,我们希望电池能够提供持续稳定的电流,希望电池的能量转化率尽可能高,刚才分析的铜锌原电池、氢氧燃料电池能做到吗?在铜锌原电池、氢氧燃料电池中,电解质溶液有一个共同的功能,即充当离子导体。那么,离子导体必须由电解质溶液来充当吗?下节课再研究。		
教学反思	1. 氢氧燃料电池如果由录像换成演示实验效果会更好。 2. 活动1中教师设问应该再小一些,细一些,会更便于学生暴露自己的真实认识。		
作业设计	练习册第86~91页(因为是连续3节课,这是3节课后的作业)		

课时2的教学设计见表8-7。

表8-7　课时2的教学设计

授课教师	王昕	学校		石油分校
本教学设计属于:原始教学设计(　　) 试讲教学设计(　　) 正式讲教学设计(√)				
教学目标	1. 知识与技能 　深入了解原电池的工作原理,通过对单液原电池不足的分析和改进,设计并完成双液原电池的装置。使学生对原电池的形成条件、反应过程中离子导体的作用及整个工作原理形成更完整的认识,学习实验研究的方法并学会书写电极反应方程式和电池总反应方程式。 　2. 过程与方法 　学生通过铜锌原电池的实验活动,温故而知新,学会观察,学会发现,学会思考;在解决问题的过程中进一步加深对原理的认识,感悟和体会科学探究的思路和方法。通过分析双液原电池闭合回路中微观粒子的定向移动体会盐桥的作用,加深对原电池原理和离子导体内涵的认识。进一步体验构建模型的过程。 　3. 情感、态度与价值观 　从发现问题到解决问题,激发学生兴趣,让学生从原电池的改进感受到科学的进步对人类的贡献。在探究活动中体会科学家认识和研究问题的思路和方法,建立从氧化还原角度认识和研究电化学问题的视角。通过双液原电池模型的设计,渗透对立统一的辩证唯物主义思想。			

<table>
<tr><td rowspan="1">教学内容分析</td><td colspan="2">

1. 在课程与教材中的地位

电化学是研究化学能与电能相互转换的装置、过程、效率的科学,它的应用十分广泛,由其形成的工业也很多,如电解、电镀、电冶金、电池制造等。本章包括原电池、化学电源、电解池、金属的电化学腐蚀与防护四部分内容。本节是全章内容的起点,是在相关电化学知识的基础上让学生进一步探究电化学知识。本节课在巩固已学原电池的基础知识上,进一步拓展相关概念和原理,使学生从一个更高的层次去认识和理解原电池。

2. 知识内容结构

从必修 2 的单液原电池发展到双液原电池,引入半电池、盐桥、内电路、外电路等概念。

3. 核心知识的功能价值

本节课的设计是通过单液原电池的缺陷分析及改进,认识双液原电池在提高电池转化效率方面的优势,了解盐桥,分析双液电池闭合回路中微观粒子定向移动的方向,并进一步分析离子导体的组成及作用;通过学生自主设计双液电池的探究活动了解设计电池的一般步骤和方法,并从氧化还原反应的角度加深对原电池原理和构成条件的认识;进一步加深对氧化还原反应的认识。
</td></tr>
<tr><td rowspan="3">学生情况分析</td><td colspan="2">

1. 知识基础

本课时内容是人教版选修 4 第四章第一节。这一节内容是以必修 2 第二章第二节"化学能与电能"为基础,是对必修 2 相关内容的加深和提高,高一时通过对化学必修 2 的学习,学生以铜锌原电池为例初步掌握原电池的工作原理及构成条件,能写出简单的电极反应式和电池总反应方程式。

2. 学生认识发展点与障碍点
</td></tr>
<tr><td>学生知识储备和能力</td><td>学生可能出现的问题及解决方法</td></tr>
<tr><td>

通过必修 2 第二章第二节"化学能与电能"的学习,学生了解了原电池的基本工作原理,能写出电极反应方程式和电池总反应方程式,对化学能与电能转化的实际意义及其重要应用有一定的认识。

学生的微粒观、能量观及对氧化还原反应的认识有所发展。

微粒观——通过必修 2 相关原电池知识及本教材第三章第一节的学习,学生学会了从微粒的来源、种类、数量、相互作用及运动来分析简单的原电池工作原理。在本节的学习过程中,学生进一步分析双液电池闭合回路中微观粒子定向移动的方向,更深入认识电化学领域中微粒的运动及变化。

能量观——选修 4 的第一章诠释了化学反应与热能的关系,本节通过原电池原理的进一步探究,使学生认识到原电池是利用自发的氧化还原反应并且通过设计合适的装置使氧化反应与还原反应在不同的区域内同时进行,更好地实现将化学能转换为电能的功能。
</td><td>

学生对于电化学知识的认识还存在一些偏差,面对电化学问题不能进行系统分析,表现为:学生在对 $Zn/CuSO_4(aq)/Cu$ 原电池的探究过程中观察到负极锌片上也有红色固体产生,且一段时间后电流有明显衰减,对其原因产生困惑。学生对如何改进原电池装置来解决问题及双液原电池装置中如何产生电流,如何形成闭合回路存在疑惑。这些成为学生后续认知发展的生长点。在完成学习任务时,对原电池中共性的、本质的要素认识不足,遇到新问题不知道从哪些角度进行分析。

采用任务驱动型的教学策略。

环节 1:体验铜锌原电池,设计改进原电池,解决困惑,分析盐桥的作用,拓展离子导体的概念。
</td></tr>
</table>

学生情况分析	学生知识储备和能力		学生可能出现的问题及解决方法
	对氧化还原反应的认识——通过本节的学习，学生认识到不仅氧化剂与还原剂直接接触可以发生反应，通过特殊的电化学装置，二者分开在不同的场所也能同时进行反应，避免了将化学能转化成电能过程中的能量损耗问题。		环节2：利用铜与硝酸银溶液的反应分析双液原电池的工作原理，进一步深入认识原电池的分析模型，完善离子导体的概念。 环节3：学以致用，解决燃料电池不同介质的问题，初步应用原电池的分析模型，进一步完善离子导体的概念。
教学关键问题	1. 学生从实验现象与预期的差异质疑，分析问题的关键点。 2. 应用原电池知识模型进行分析，探究解决问题的途径和方法。 3. 设计实验验证，应用盐桥完成双液原电池的设计，解决问题。 4. 利用学以致用环节，巩固知识模型，完善离子导体的概念。		

教学过程设计

知识线索	学生认识发展线索	问题线索	活动线索	教师讲述线索	情境素材证据线索
原电池原理的本质分析，离子导体的扩充。	单液原电池的缺陷。	实验现象与预期的差异如何改进。	设计改进实验，解决问题。	引导学生找问题的关键，应用模型改进设计，盐桥的引入。	单液铜锌原电池负极有铜析出，电流电压不稳，能量损耗等。
模型应用，双液原电池原理分析应用。	双液原电池工作原理的分析。	分析铜与硝酸银溶液构成的双液原电池如何工作。	请学生分析、交流铜与硝酸银溶液构成的双液原电池的工作原理。	引导学生掌握原电池的工作原理及进一步分析离子导体的功能。	铜与硝酸银溶液构成的双液原电池示意图。
应用不同介质燃料电池完善离子导体概念。	根据不同介质在氢氧燃料电池中的作用进一步认识离子导体。	氢氧燃料电池在酸性、碱性介质中的反应。	请学生分析氢氧燃料电池在酸性、碱性介质中的电极反应，分析离子导体的作用。	引导学生分析电极反应中离子导体的作用。	氢氧燃料电池在碱性、酸性介质中的工作原理示意图。

续表

	教学设计		
教学环节	教师活动	学生活动	设计意图
环节 1 体验原电池，观察分析	1. 请学生动手组装铜锌单液原电池并向其他同学展示。 Zn Cu CuSO₄溶液 2. 引导学生观察，发现单液原电池的缺陷。 3. 引导学生分析、思考、交流找出问题出现的本质原因。 4. 引导学生从问题根源出发，依据模型分析、思考、交流、探究解决问题的思路和方法。 5. 用学生设计的改进方案，用化学的重要手段——实验演示，验证改进方案。	两名学生演示组装铜锌单液原电池——亲手用化学的重要手段(实验)去发现问题，激发解决问题的兴趣与动力。 思考问题： 预期的实验现象是什么？观察到的现象与预期有什么不同？ 观察、分析、思考，找出问题出现的原因。 依据知识模型思考、分析、探究解决问题的思路和方法。 在探究过程中设计出实验装置，观察实验现象，分析问题是否解决。	温故知新，引发质疑，探究解惑。引导学生主动探索，体会科学探究的思路和方法。 培养学生分析问题、解决问题、主动探究的能力。进一步加深对原电池原理的理解。
环节 2 学以致用：分析探究	1. 展示一组双液原电池的装置。 盐桥 Ag Cu AgNO₃溶液 CuSO₄溶液 引导学生观察、分析此原电池的工作原理及离子导体的组成和所起的作用。 2. 引导学生自主巩固落实原电池的原理，促使学生从能量观和微粒观的角度认识双液电池，进一步发展离子导体的内涵。	参与活动，在仔细观察装置的基础上，应用知识模型分析此双液原电池的原理及电流产生的过程中离子导体的组成及作用。 巩固落实原电池的原理，进一步完善离子导体的概念。	自主探究，巩固完善。引导学生学以致用，深入体会原电池的工作原理和构成要素；进一步明确离子导体的内涵和外延。 建立基于氧化还原反应角度的电化学观。

续表

环节3 学以致用：再辨燃料电池	1. 引导学生在课时1的氢氧燃料电池分析的基础上，改变电池中的介质，探究不同介质条件下，氢氧燃料电池电极反应的变化。 2. 落实碱性介质、酸性介质中氢氧燃料电池的电极反应式及总反应方程式。 KOH溶液 3. 引导学生进一步完善离子导体的概念。	参与活动： 1. 在课时1分析的基础上，运用模型，自主分析不同介质中所发生的电极反应，落实电极反应方程式。 	正极反应方程式	
负极反应方程式	
总反应方程式		 2. 进一步分析离子导体的作用，完善离子导体的概念。	探究发展，落实总结。引导学生关注变化，抓住本质，迁移运用知识，最终完成离子导体概念的完善。在探究过程中培养学生的知识分析、应用、迁移能力。
教学反思	本节课设计了探究实验，让学生自己动手发现问题，提出质疑，自主探究查找原因，分析交流从而提出解决问题的思路和途径，最终独立设计出双液原电池装置并用实验验证自主探究方案，然后，充分发挥学生的自主学习能力，利用两个活动，分析、落实原电池的工作原理并进一步完善离子导体概念的内涵和外延。 改进思路： 1. 如有条件在环节1中教师可设计分组实验，学生参与度和直观性均会提高。 2. 环节2中教师可再设计一个活动，以巩固知识。		
作业设计	1. 完成学案。 2. 完成练习册相关内容。		

课时 3 的教学设计见表 8-8。

表 8-8　课时 3 的教学设计

授课教师	刘双九		学校		石油分校
本教学设计属于：原始教学设计（　　）　试讲教学设计（　　）　正式讲教学设计（ √ ）					

教学目标	1. 知识与技能 ①能根据反应设计简单的原电池。 ②学会书写电极反应方程式和电池总反应方程式。 2. 过程与方法 通过设计双液原电池体会根据氧化还原反应设计原电池的一般思路和方法，加深对原电池模型的认识。 3. 情感、态度与价值观 ①在探究活动中体会科学家认识和研究问题的思路和方法，建立从氧化还原角度认识和研究电化学问题的视角。 ②通过了解原电池的化学史，激发学生学习兴趣，体会化学改变生活，更激发学生参与实践与创新的活动。
教学内容分析	1. 在课程与教材中的地位 电化学是研究化学能与电能相互转换的装置、过程、效率的科学，它的应用十分广泛，由其形成的工业也很多，如电解、电镀、电冶金、电池制造等。本章包括原电池、化学电源、电解池、金属的电化学腐蚀与防护四部分内容。本章知识有利于学生了解电化学反应所遵循的规律，知道电化学知识在生产、生活和科学研究中的作用，有利于学生增强探索化学反应原理的兴趣，树立学习和研究化学的志向。 2. 知识内容结构 3. 核心知识的功能价值
学生情况分析	1. 知识基础 了解原电池的工作原理，能写出电极反应方程式和电池总反应方程式。 2. 学生认识发展点与障碍点

学生知识储备和能力	学生可能出现的问题及解决方法
通过对本章的学习，学生了解了原电池的工作原理，能写出电极反应方程式和电池反应方程式，对化学能转化为电能的实际意义及重要应用有所认识。学生的微粒观、能量观及对氧化还原反应的认识有所发展。 　　微粒观——通过对第三章"水溶液中的离子平衡"的学习，学生学会了从微粒的来源、种类、数量及相互作用来分析简单的甚至复杂的水溶液。在本章的学习过程中，学生进一步认识了电化学领域中微粒的运动及变化。 　　能量观——本教材的第一章诠释了化学反应与热能的关系，本节通过原电池使学生认识到化学	学生对于电化学知识的认识还存在一些偏差，面对电化学问题不能进行系统分析，表现为：在完成设计型任务时，更多地关注装置维度的要素，忽视原理维度的要素，对原电池本质的要素认识不足，遇到较复杂的问题不知从哪些角度进行分析，也不知从哪里入手进行分析。 　　采用任务驱动型的教学策略。 　　任务 1：构建 $2Fe^{3+} + 2I^- \Longrightarrow 2Fe^{2+} + I_2$ 原电池的分析模型，设

续表

学生情况分析	学生知识储备和能力				学生可能出现的问题及解决方法
	能可以转化为电能。原电池利用自发的氧化还原反应将化学能转换为电能。 　　对氧化还原反应的认识——通过本章的学习，学生认识到不仅氧化剂与还原剂直接接触可以发生反应，通过特殊的电化学装置，二者分开在不同的场所也能同时进行反应。				计原电池。任务2：利用反应 $CH_4 + 2O_2 == CO_2 + 2H_2O$ 设计原电池，深入认识原电池的分析模型。

教学关键问题	1. 应用原电池的分析模型分析设计原电池。 2. 理解原电池本质。

教学过程设计

知识线索	学生认识发展线索	问题线索	活动线索	教师讲述线索	情境素材证据线索
应用氧化还原知识分析原电池反应原理	按要求找模型中的内容。	怎样用模型分析原电池、设计原电池。	根据 $2Fe^{3+} + 2I^- == 2Fe^{2+} + I_2$ 设计原电池，交流，实验。	分析原电池模型。	依据模型设计原电池。
应用氧化还原知识分析原电池反应原理	应用模型分析设计原电池。	总结设计思路。	根据 $CH_4 + 2O_2 == CO_2 + 2H_2O$ 设计原电池，交流。	设计思路。	实验验证。

教学设计

教学环节	教师活动	学生活动	设计意图
环节1	引入。	再巩固原电池认识模型。	熟悉原电池认识模型对原电池知识的认识的帮助。
环节2	指导学生设计原电池。	根据 $2Fe^{3+} + 2I^- == 2Fe^{2+} + I_2$ 设计原电池，交流，实验。	应用模型分析、理解原电池知识。
环节3	指导学生设计原电池。	根据 $CH_4 + 2O_2 == CO_2 + 2H_2O$ 设计原电池，交流，实验。	应用模型分析、理解原电池知识。

续表

教学反思	1. 实验验证有助于学生对模型的认识和知识的理解。 2. 学生动手、动脑、小组交流对原电池理解帮助很大，但给学生更充足的时间，会有更好的效果。
作业设计	继续完成 $CH_4 + 2O_2 = CO_2 + 2H_2O$ 原电池的设计与分析。

3.2.2 教学反思与建议

从整体上看，选修"原电池"三课时的新授课教学实验班的教学改进效果是非常明显的，学生几乎在所有的能力要素上的表现都要优于对比班，比前测有了显著的提升。前测时，测查结果表明对比班学生的能力值更高，且对比班在前测时学生能力值是显著高于实验班的。但是在后测时发现，结果正好相反，实验班的学生能力值显著高于对比班。对于试讲班，实验班的学生能力值虽然并没有显著地高于对比班，但是相较于前测，也有了很大的提升。这表明我们的教学改进对于试讲班和正式讲班的学生都有明显的提升效果，尤其是对于正式讲的实验班，其改进提升的效果是非常明显的。

无论是试讲还是正式讲，在教学过程中三位授课教师均和高端备课团队进行了深入的教学研讨，对自己的教学进行了有效的反思和改进。

肖岚老师进行课时 1 试讲后讨论的时候，主要反思了两点，一是基于认识模型解释闭合回路，正如肖岚老师所说："我这节课主要的任务是在构建这个模型的过程当中，澄清学生关于电极功能的认识。但讲的过程中，包括学生的提问、后来的访谈，我最大的一个失误就是在分析的过程中，对于自发的氧化还原反应这点强调得不够。其次是在用这个模型时，模型出来之后，包括学生写完氢氧燃料电池之后再把之间的关系复习一遍，复习得不够。"二是认为需要加入让学生结合原电池认识模型画出电流微观示意图的环节。"让学生标出电子的走向。电子怎么走的？从哪里来？到哪里去？标完以后，让他依据自己的图来说。""画出闭合回路之后，学生应该很容易理解。要不我说的话等于没说。"而在正式讲以后，肖老师更是对学生能参与的活动有了更深刻的认识。肖老师说："我觉得实验这块要加强，比如我放录像，其实那个录像还是不太清楚，所以我中间停了一下，也解释了一下，因为前面这边变红，那边变蓝，学生也看不到，到底为什么变红变蓝他也不知道，所以我解释了一下，让他关注后面的，到底这个电池能不能产生电流？它构没构成电池？所以那块儿解释了一下。如果去做这个实验，不管是学生做还是教师做，我觉得效果会好很多。这里也是有偷懒的成分在里面，但我们也是着急，还是想有时间再进行题目练习。因此没有做实验，只是给了两个素材。氢氧燃料电池需要他们在后续不断学习，我这块儿只能到这一步。确实，能够加进去实验是最好的，从我们这块儿来说，加实验，我们要花费很多时间和精力去准备这个事情。因为学生主动性稍微差一些，如果让他们直观操作一下，换一换形式效果应该会更好一些。"

王昕老师在课时 2 试讲后讨论的时候，就敏锐地意识到认识模型需要在这节课中得到进一步拓展和应用的问题。"从环节 1 开始，我就没有把认识模型再落实一遍。学生回答完了谁做负极谁做正极，电极材料是什么，还有电极反应物质是什么这些问题。学生的回答也有出错的，我照着他们的思路把正确的答案写在黑板上。但我没有把整个的回路再给他们捋一遍。然后到后面的燃料电池就更加匆忙，我给的时间太短了。而且因为我前面交代不清，跟学生的思路没有接上，所以我觉得后面没起什么作用，应该等学生写出来了，我再给时间让他们说。学生之间的交流，可能意义更大一些。"

正式讲授课后王老师写的教学反思是："设计的活动即巩固学生对双液原电池工作原理的认识及燃料电池介质改变后反应的变化，这个活动所给的时间不足，学生没有充分的自主学习、互动探讨的时间，教学效果不理想。"所以王老师提出了如下的教学改进建议：①在教学时间充裕的情况下，将两名学生的演示实验改成分组实验效果会更好，让学生充分地动起来，参与度更高。②对于生源较弱的教学班，可将燃料电池的介质讨论放到下节课，让学生有充分的理解和巩固的时间，这样效果可能更理想。③在学生学习、研究了从单液原电池到双液原电池后，教师也可设计活动让学生试着将一个双液原电池装置变回到单液原电池，这样的逆向思维过程可能对学生的认识过程起到促进和巩固的作用。④如在学生的认知水平较高的班级或学校，教师可以更深入地引导学生发现原电池基本模型到化学电源的变化发展，思考如何寻找更好的反应，作为盐桥的"膜"技术的应用，电极反应物的存储功能如何改进，等等，以开阔学生视野。

刘双九老师在课时 3 正式讲后讨论的时候，主要反思了前期氧化还原反应的学习对本课时教学推进的影响以及自身对认识模型的理解的不断深入。刘老师说："氧化还原反应原理，在必修 1 的时候学生掌握得没有那么扎实，所以对学生来说确实有难度，原理比较抽象，对学生理解来说是一个障碍。跟您交流了这节课之后，我想让学生先设计。但现在我为什么这样呈现呢？经过这些天的反思，我对模型的认识逐渐深刻，模型中装置维度是非常重要的，氧化还原反应原理维度都是一样，但变换的是装置中的材料问题，因此，在让学生设计的时候，我也比较强调这一点。"

4 研究的结论与反思

4.1 研究的结论

回顾整个高中必修新授课"原电池"的课例行动研究历程，石油分校化学教研组在和高端备课专家团队的相互作用过程中，有了以下的收获。

一是教师对于学科本体的内容有了更深入的认识，这是转变学生学习方式，促进学生学习发展的基石。

学科本体知识的结构化和学科本质的认识是教学开展的基础。教师在学科本体上的问题，其实不完全只是学科的问题，因为教授某一学段的学科知识实际上需要找到学科知识与学段课程知识的平衡。如何架构二者之间的桥梁是教师们真正的困惑。当然不可否认，这一桥梁的基石仍然是对本学科的学科思想和学科本质的深入认识。

教师关于学科本体的认识问题需要在备课研讨之初就解决。通常备课研讨会解决三个问题：进行课时规划、教学定位以及对学科本质的再认识。教师们关于学科本体的讨论一般反映的是对一个具体认识对象的认识本源性问题的追问。随着课程实施，教师们需要不断和学生对话"电流产生的原理"。此时，大学关于电势差以及溶液中的水合离子间的相互作用和离子迁移等知识都成为备课研讨中需要进一步明确深广度的问题。同时因为"原电池"认识模型本身正是基于对电化学的本质认识建构起来的，学科本体的认识越深刻，就越有助于认识模型的教学。而认识模型由于抽提了回答认识本源性问题的关键变量，因此可以产生举一反三的效果。

二是教师对设计吸引学生参与的活动有了切身的体会，这是转变学生学习方式，促进学生学习发展的核心。

教师对教学活动的设计仍然以认识性活动为主，这一方面是分析推理式的讲授法教学带来的习惯，另一方面是教师在实际教学中的负担导致的。在教学中增加一个演示实验或者准备学生分组实验涉及许多方面，当面临一个明确的需要提升学生成绩的任务时，教师往往会首先选择解决认识性的问题，而规避实践活动这个复杂系统设计带来的"麻烦"。

设计学生活动的核心其实是对学生学习规律的认识。在我国学科课程与教学论的传统中，其实存在对学生学科学习规律研究的缺失，或是直接借心理学的成熟理论，或是泛学习理论。对于学生学科迷思概念及概念转变的研究也尚未系统化。教师在学生认识上的问题是均能意识到学生缺乏对学科知识学习的兴趣，但缺乏对学生学习本学科某一主题时的迷思概念的认识，以及对学习进阶大层级和小层级的把握；较少考虑学习活动如何针对学生的概念转变，或者发展了学生的什么，接下来还会如何发展。本次高端备课对于学生迷思概念的明确，是教师们进行教学活动设计的一个重要抓手。

北师大高端备课团队依据所提出的认识发展理论（该理论指向学生发展），主要解决学生作为一个个体，他们的思维在不断缜密、认知结构在发展时，用什么变量去解释知识的发展、能力的提高，是什么能力提高了，为什么提高的问题。用认识的几个变量去刻画出什么会影响学生发展，尤其是能力发展。

三是教师进行教学设计与实施时的五线索路径更加清晰，特别是对于问题线索的推进有了更进一步的清晰认识。这是转变学生学习方式，促进学生学习发展的基本条件。

教师的教学在基本的教学设计与实施上存在的问题是：教学目标即使定位明确仍然可能出现教学问题梳理不清楚的情况。教师们擅长规划教学环节和任务，但是具体教学实施中仍然可能出现偏差。

教师进行教学设计前都已经了解了五线索，容易出现的问题有：一是这几个要素怎么匹配。就教学设计本身来讲，需要考虑活动、素材、问题、知识是否横向匹配。这个横向匹配指向学生的认识发展。二是线索性不强，就是小进阶走得不好，这是更难的纵向线索，怎么走得好，这个好不好是指小的学习进阶走得好不好，核心在于问题问得好不好。

原电池的授课素材和知识是相对固定的，因此核心在于活动和问题的设计。这正是考验教学设计与实施的关键所在，需要非常精细化的认识和反思。

四是教师即时的教学反思能力得到了明确的外显和提升。这是转变学生学习方式，促进学生学习发展的动力源泉。

本次高端备课在试讲和正式讲之后都进行了教师访谈，三位教师两次都能够积极地对教学提出自己的反思和改进要点，参与讨论，这也是本次备课的一个重要收获。特别是在正式讲之后，三位教师对"今天这节课上完之后您对这节课还有什么遗憾，还可以怎么改进"的问题，纷纷发表了自己的看法。"时间不够。或者我们给学生思考的时间很少，跟学生共同讨论思考的时间少，不能只是单向灌输给学生，就跟上课一样，没有引导没用。""我觉得实验这块要加强，我们学生主动性比较差，如果让他实际操作一下，换一换形式效果应该会更好。""如果在我的班，设备好的话，我会做分组实验，我会让一组或者两组分组讨论。""如果我这节课落实到这个模型，正极和负极的选择、离子的书写问题其实都能解决"。从给学生时间，到让学生参与实验，到落实讨论，再到认识模型，教师关于教学的反思正是落在了对学生学习的关注和对教学活动的精致化设计上。

4.2　研究反思

除了收获，我们基于教研团队建设的视角对未来石油分校化学教研组进行的元素及其化合物备课研究有以下几点重要的研究展望。

一是基于学科团队建设，梳理关于如何提升教师反思能力的经验。

教师的教学反思是有层次的，首先是对具体问题解决的反思，然后是对学科本体的追问，最后才是对学生活动设计的反思。而当这种反思落实到文本上的时候，我们就需要从日常的课时教学设计入手，写反思，收录课后教师讨论的材料，逐步养成课后进行教学讨论，进行反思的习惯。以本次课例研究的行动研究报告为基石，逐步将"口头语言"转化为"理性分析"再转化为系统"研究报告"，只有在这样的过程中教师的专业成长才能真正落到实处。

在反思过程中，教师尤其需要加强关于学生学习的研究，如需要花费大量时间研究学生的迷思概念以及学生认识思路的发展。从定性开始逐步介入定量，不断寻找规律，概括提升。

二是基于学科团队建设，开发系列电化学校本课程促进学生学习。

石油分校化学教研组对电化学这部分已经有了复习课和新授课的积累，我们建议化学组设计和实施一套关于电化学的学科实践活动教材。比如必修阶段，其实插插水果电池就可以。选修阶段，可以基于认识模型，把一个具体的物质变成一个变量，如具体用的铜、锌，需要学生基于电子导体的认识，把它变成一个变量。一旦把它变成变量，学生就可以"变了"。这样就可以让学生自己去玩儿，他可以玩儿出很多种。而且在玩儿的过程中，学生也许就能自己发现，这个电流一会儿就没了，继而他就能去解决怎么让这个电流稳定下来的问题，促使学生自己去想办法。然后考虑怎么能够通过换电极、电解质材料、离子导体、电极材料、电极反应物，甚至是电子导体，从而让电流稳定下来。这样电池的寿命越来越长，或者提供的效率越来越高。这可以作为一系列的实验，可以在学生当中做起来。这样学生的总体任务就是去设计并制作电池。我们发现，设计和制作是两码事。设计的时候，学生可能还是会更多地想到原理上的一些东西。一旦到制作的时候，学生会遇到技术上的问题。这个时候技术上的问题是一方面；另一方面得想原理的问题，怎么样解决高效的问题，怎么样能提供高效的电流，这一系列问题实际上就是在认识模型当中需要思考的。学生在不断地修正电池的过程中，能感觉到认识在发展。这可以作为学科实践活动的一个很好的素材。

（高端备课专家：王磊　黄鸣春

研究生助理：李新宇）

第9章　我们的高端备课故事

2013 年 4 月 26 日，石油分校化学教研组正式启动了由北师大化学教育研究所承办的"基于专家指导的高端备课"项目。一路走来，我们不仅收获了 20 节高质量的各专题化学课(见附表)，而且教师在教育理念、专业技能上都得以提升。这期间的快乐、辛苦、紧张、委屈、兴奋等都是教师成长的一笔财富。下面选取一些片段与大家一起分享。

片段一：不断进步的"推动力"。

石油分校化学教研组的第一次高端备课课是由北师大高端备课团队的专家——胡久华老师指导的。初见胡老师感觉她干练、严肃、一丝不苟。随着研讨的深入，她全新的教育理念、敏锐的洞察力，以及言简意赅的表达，让参加备课的教师深深折服。她提出的问题：你们研究这个课题的目标定位是什么？你们为什么要给学生建一个模型？必修阶段的有机化学教学要为选修 5 搭建什么样的基础平台？必修模块好的有机物性质的教学是什么样的？……这些问题促使着授课教师不停地去思考，在思考的过程中打破了陈旧的思维模式，提升了自身的教育理念，同时也使老师们明白要想设计一堂好课，必须先要准确地进行目标定位，定位准确设计的教学才能带给学生学习的乐趣，才能帮助学生转变学习方式。和胡老师一起备课，她会在无形中推动你不断地进步、不断地提高。

片段二：零距离和教授研讨。

王磊教授是北师大化学教育研究所"基于专家指导的高端备课"项目的创始人，也是高端备课团队的领头人。我们三次聆听王磊教授指导我校高端备课工作。第一次是高三专题复习的高端备课课。备课过程中，经过王磊教授的引导，授课的王瑶老师的教学思路更严谨，更能体现学生的思维过程。王瑶老师还因为本课获得了当年的说课比赛特等奖。第二次是 2015 年 11 月与王磊教授一起商讨石油分校的高端备课规划，当时恰逢海淀区高中学科教研基地建设，我校化学教研组也参与其中。高端备课项目、基地建设、繁忙的教学任务，怎么能在有效的时间里将教学、科研有机地结合起来呢？王磊教授领导的专家团队首先认真倾听了本组的设想，然后分析了本组情况，最后进行了激烈的讨论，从而确立了化学教研组的奋斗目标、研究课题，同时列出了工作的时间表。在王磊教授及团队的大力支持下，我校成为"海淀区高中化学教研基地"，并于 2016 年 9 月顺利挂牌。

第三次与王磊教授零距离接触是参与高二备课组的"原电池"三节联动高端备课课。这次高端备课活动旨在通过对原电池知识的学习，探索如何通过教师教学行为的转变来转变学生学习方式，从而提升化学学科能力。备课研讨中王磊教授与三位授课老师一起认真地就学生情况设计教学思路，还亲自在黑板上板演板书如何书写。这次活动使老师们真切地体会到专家的引领是十分重要的。教师教学行为的改变，可以帮助学生转变认识方式和学习方式。

片段三："和风细雨"的陈老师。

和北师大高端备课团队里接触最多的专家就是陈颖老师。她既是专家又是海淀区教师进修学校的教研员，双重身份使得她对我校的高端备课工作指导更到位、更具体、更适合老师们的需求。第一次聆听陈老师的指导是参加高二的"电化学复习"高端备课课，她给我最深刻的印象就是又高又美。她的美不仅体现在颜值上，还体现在她的说话上。陈老师每次发言总是慢条斯理、细声细语，按着老师们的思路一点一点地引导你、带领你达到一个更高的层次。

和她研讨会让老师们心悦诚服地接受新的教学理念，会让老师们觉得自己还有潜力，还可以在教学上更上一层楼。

片段四：认真负责的"小专家"。

黄鸣春老师是指导我校高端备课工作的最年轻的专家，虽然年龄小但理论水平高，最难能可贵的是认真负责。

表现一：高端备课成果梳理期间，黄老师根据老师们梳理过程中的问题，两次修改梳理模板（表 9-1）。

表 9-1　黄鸣春老师梳理的成果模板

梳理成果模板一稿	梳理成果模板二稿
课题：促进学生学习方式转变的教学设计与实施改进——基于行动研究的案例分析	课题："促进学生学习方式转变"的教学行动研究

续表

梳理成果模板一稿	梳理成果模板二稿
目录： 一、发现问题与提出假设 　1.对教学情境和教学现状的描述与分析 　2.发现的主要问题 二、初步调查与问题确认 　1.初步调查分析 　2.确定研究问题 三、研究的理论依据 　1.核心概念界定 　2.主要观点论述 　3.已有研究的成果与不足 四、行动方案及数据收集方法 　1.确定研究方案和研究计划 　2.选择收集数据的方法及论证方法 　3.叙述主要过程 五、行动方案的实施 第一阶段：备课研讨 第二阶段：试讲 第三阶段：正式讲 六、结论与反思 　1.研究的结论及意义 　2.回顾研究的全过程并进行提炼和引证 　3.收获、经验和教训 　4.新的问题与下一步计划	目录： 1　问题提出 　1.1　不同版本教材的内容处理存在差异 　1.2　教学困惑 　1.3　学生学习情况 2　研究的理论基础 　2.1　功能价值 　2.2　认识方式 　2.3　教学的研究综述 3　行动方案的实施与改进 　3.1　高端备课改进历程 第一阶段：备课研讨 第二阶段：试讲阶段 第三阶段：正式讲阶段 　3.2　正式讲 　　3.2.1　教学设计与实施 　　3.2.2　教学建议 4　研究的结论与反思

　　经过不断地讨论、磨合最终确立了第二稿为梳理成果模板。在黄老师的督促下，在老师们的努力下，成果梳理顺利完成。

　　表现二：指导孙翠霞老师的高端备课课"二氧化硫的性质"时，遇到了北京市雾霾第一次红色预警，中小学纷纷停课，高端备课研讨也被迫停止。为了不影响教学进度，黄老师和孙老师利用邮件进行备课研讨。

　　在黄老师的帮助下，孙老师顺利地完成了"二氧化硫的性质"学院路学区的教研课，并获得好评。

　　以上只是高端备课历程中的几个小片段。正是因为有了高端备课项目的支持，有了专家的引领，才使我校的化学教学工作一直处于优势地位，才使老师们的教学水平一直处于学校的前列。一路走来感慨颇多，但唯有感谢一直铭记心中。感谢一路有你！感谢和你相聚！

附表

附表 1　石油分校高端备课目录

序号	时间	课题	授课人	指导专家
1	2013/5	生活中两种常见的有机物——乙醇	刘军	胡久华
2	2013/5	生活中两种常见的有机物——乙酸	刘海珍	胡久华
3	2013/5	电化学复习(高二第一课时)	肖岚	胡久华、陈颖
4	2013/5	电化学复习(高二第二课时)	周冬	胡久华、陈颖
5	2013/10	几种重要的金属化合物——铝的重要化合物	丁红霞	支瑶
6	2013/10	几种重要的金属化合物——铁的重要化合物	刘湘	支瑶
7	2014/1	有机化学基础模块复习	刘海珍	陈颖
8	2014/1	有机反应的应用	刘军	陈颖
9	2014/5	化学平衡中的图像问题	王璠	王磊、陈颖
10	2014/5	溶液中的离子平衡——原理应用	程敬云	王磊、陈颖
11	2014/6	资源综合利用——金属矿物的开发利用	丁红霞	陈颖
12	2014/6	资源综合利用——海洋资源的开发利用	刘湘	陈颖
13	2014/12	有机合成(第一课时)	刘海珍	陈颖、尹博远
14	2014/12	有机合成(第二课时)	丁红霞	陈颖、尹博远
15	2014/12	有机综合推断题解题策略探讨(第一课时)	王璠	陈颖、尹博远
16	2014/12	有机综合推断题解题策略探讨(第二课时)	刘军	陈颖、尹博远
17	2015/12	二氧化硫的性质	孙翠霞	黄鸣春
18	2016/4	原电池(第一课时)	肖岚	王磊、黄鸣春
19	2016/4	原电池(第二课时)	王昕	王磊、黄鸣春
20	2016/4	原电池(第三课时)	刘双九	王磊、黄鸣春

(本章作者：石油分校化学教研组)

参 考 文 献

[1]陈佑清. 关于学习方式类型划分的思考[J]. 课程·教材·教法, 2010(2).

[2]支瑶, 王磊, 张绪姝. 化学平衡常数对促进学生认识发展的功能价值分析及其教学实现[J]. 化学教育, 2010(6).

[3]胡久华, 郇乐. 促进学生认识发展的驱动性问题链的设计[J]. 教育科学研究, 2012(9).

[4]于少华, 王磊, 支瑶. 发展学生认识角度和深度的化学教学转变——以"化学反应原理"模块为例[J]. 化学教育, 2015(3).

[5]王维臻, 王磊, 支瑶, 等. 电化学认识模型及其在高三原电池复习教学中的应用[J]. 化学教育, 2014(1).

[6]何彩霞. 关注学生认知发展的化学教学——以"乙醇"为例[J]. 化学教学, 2013(12).

[7]吴亚男. "互联网＋"背景下的高中化学人文教育——以高中《化学 2》"乙醇"教学为例[J]. 化学教与学, 2016(9).

[8]尚广斗, 范聪慧. 巧用"弯形具支试管"改进乙醇催化氧化的实验[J]. 中小学实验与装备, 2014(1).

[9]陈勇. "乙酸"实验探究教学案例与反思[J]. 中小学教学研究, 2014(5).

[10]马然. 苏教版《化学 2》"乙酸"的教学设计[J]. 化学教学, 2008(10).

[11]刘永红. 乙酸的性质、用途和工业制法教案[J]. 中学化学, 2000(10).

[12]王建军, 严济良, 吴星. "乙酸"的教学设计、实施与反思[J]. 化学教学, 2012(5).

[13]周璇娜, 衷明华.《生活中两种常见的有机物——乙酸》[J]. 教学设计中学教学参考, 2016(8).

[14]杨国东.《乙酸 羧酸》创新课教学设计[J]. 化学教学, 2001(12).

［15］白建娥．新课改下的"乙酸"课堂实录与教学反思［J］．化学教育，2009(11)．

［16］丁培培，闫德智．乙酸教学设计［J］．中学化学教学参考，2016(18)．

［17］马淑华，陈小凤，申红松．"乙酸的性质"教学设计［J］．化学教育，2010(S2)．

［18］孙亚娜，李灿举，孙晓春，等．信息解读策略在高考有机推断中的运用［J］．中学化学教学参考，2016(24)．

［19］张红俊．有机化学复习中的点线面体场［J］．中学化学，2012(1)．

［20］邓梅．"铝的重要化合物"探究性教学实施策略［J］．中学教学参考，2016(14)．

［21］佘淑玲．化学知识源于生活——氧化铝与氢氧化铝的教学设计［J］．课程教育研究，2016(35)．

［22］穆姿秀．巧设驱动问题　促进深度学习——以"铝的重要化合物"教学为例［J］．中学化学教学参考，2016(18)．

［23］姜言霞，王磊，支瑶．元素化合物知识的教学价值分析及教学策略研究［J］．课程·教材·教法，2012(9)．

［24］李旺林．高中元素化合物知识的分类及教学策略探究［J］．福建教育学院学报，2015(9)．

［25］王磊，郭晓丽，王澜，等．元素化合物认识模型及其在复习教学中的应用——以高中《化学1》"金属元素及其化合物"单元复习为例［J］．化学教育，2015(5)．

［26］胡久华，王磊．教师对高中化学必修模块元素化合物内容及教学认识的调查研究［J］．化学教育，2010(2)．

［27］刘克文，邵学文．图式理论与元素化合物知识的教学［J］．外国中小学教育，2000(2)．

［28］吴瑞宇．高中化学教师无机元素化合物知识的调查研究［J］．现代交际，2012(5)．